打造强者团队

DAZAO QIANGZHE TUANDUI

李健／著

一个领导者的潜力，是由他领导的团队凝聚力所决定的，所以打造强者团队是他的使命之一！

团队的力量是巨大的，没有完美的个人，只有完美的团队！

中国言实出版社

图书在版 编目(CIP)数据

　　打造强者团队 / 李健著. -- 北京 ： 中国言实出版社，2015.4（2022.9重印）
　　ISBN 978-7-5171-1303-4

　　Ⅰ．①打… Ⅱ．①李… Ⅲ．①企业管理－组织管理学 Ⅳ．①F272.9

　　中国版本图书馆CIP数据核字(2015)第083606号

责任编辑：李连成

出版发行　**中国言实出版社**
　　地　　址：北京市朝阳区北苑路180号加利大厦5号楼105室
　　邮　　编：100101
　　编辑部：北京市西城区百万庄路甲16号五层
　　邮　　编：100037
　　电　　话：64924853（总编室）64924716（发行部）
　　网　　址：www.zgyscbs.cn
　　E-mail：yanshicbs@126.com
经　　销　新华书店
印　　刷　三河市京兰印务有限公司
版　　次　2015年8月第1版　2022年9月第2次印刷
规　　格　787毫米×1092毫米　1/16　印张18
字　　数　200千字
定　　价　39.80元　　　ISBN 978-7-5171-1303-4

前　言

学会适应团队

　　大学毕业之后，我被分配到了中共中央编译局工作，后来由于工作的需要，我一直徘徊在企业的边缘，在徘徊在企业边缘的三年工作时间里，我经历了加盟团队、组建团队的训练。通过这些训练，我才明白了一句说得非常伟大、又很有道理的话：只有完美的团队，没有完美的个人！

　　我想大多数企业都在验证着这句话的正确性，它们也深深地知道：客户是问题的产生者，企业是问题的研究解决者。就像考试，客户是出题的老师，企业在做答，做得又快又好的学生，才可以吸引老师的眼球。而这一切都要依靠团队，个人智慧的最大化也不可能永久对抗群策群力。所以，我们需要团队。下面，我们来看一个关于团队的故事。这个故事讲的是，每年秋天大雁都会从寒冷的北半球飞往温暖的南半球，可是由北往南的路程有两万多公里，一路上大雁们会遭遇到各种各样难以克服的困难。其他的候鸟很少能像大雁一样胜利飞到目的地。为什么大雁能够如此成功地飞越千山万水呢？

　　事实上，单独的一只大雁是很难飞到南半球的。与其他候鸟相比，大雁的生理条件自叹弗如。可它们是怎样到达目的地的呢？原来大雁是通过集体行动来实现的。大雁在天空飞翔时，处在领头位置的大雁会承担很大的气流阻力，在后面位置的大雁按照"人"字形排列，可以大大减少气流的阻力，节省体力。过一段时间后，领头的大雁会排到后面，由另一只大雁接替它带头领飞。这样，大雁们通过交替领飞来节省体力，共同飞向目的地。在晚间休息的时候，大雁们则轮流放哨，共同得到一个安全的休息环境。

这个故事给了我们什么启示呢？这个故事给我们的启示是：大雁是通过团队精神来克服自然界的一切困难的。一滴水要想不干涸的唯一办法就是放入大海中。弱小的个体团结起来就是一股强大的力量。多少年来，我们的企业能够在激烈的市场竞争中生存下来，并兴旺发达，与我们的团结协作精神，或者说团队凝聚力是分不开的。

我们知道，现代年轻人在职场中普遍表现出的自负和自傲，使他们在进入工作环境方面显得缓慢和困难。他们缺乏团队合作精神，项目都是自己做，不愿和同事一起想办法，每个人都会做出不同的结果，最后对公司一点儿用也没有。

事实上，一个人的成功不是真正的成功，团队的成功才是最大的成功。对每一个上班族来说，谦虚、自信、诚信、善于沟通、团队精神等一些传统美德是非常重要的，团队精神在一个公司，在一个人的事业发展中都是不容忽视的。

由此不难看出，一个团队、一个集体，对一个人的影响十分巨大。善于合作、有优秀团队意识的员工，整个团队也能带给他无穷的收益。一个个体想在工作中快速成长，就必须依靠团队，依靠集体的力量来提升自己。

作为一个管理方面的专家，我用了相当多的时间往来于一家又一家企业，帮助一些公司的领导者认识到团队就是拥有共同目标，具备不同能力、才干、经验和背景的一群人。尽管他们有这么多的不同，但共同的目标足以将他们凝聚成一个团队。同时，也让他们认识到在面对变化所引起的挑战时，一个企业如果只有你一个人策划新产品或者设计改进流程并付诸实施，这将是难度多么大的工作！不管你多么能干，也需要结合其他人的知识、经验、力量和见解，才能完成工作。

只有充满智慧的团队才能创造非凡的工作业绩，尤其是在面对变化时，更需要每一个团队成员做出巨大的努力。

可事实上，在一个团队中，并不是每一个成员都追求上进的，要让每一个成员都按照同一标准发展，这是不可能的。毕竟在这个知识经济时代，企业管理会遇到很大的挑战与难题，一方面是在竞争的压力下企业之间的兼并、合并或扩大规模；另一方面这种发展又使老模式的企业管理很不适应，于是很多专家和企业家想了很多办法，但都解决不了问题。最后，经过一些权威专家和众多企业家的实践，一种新的管理方法——"团队文化"的出现解决了这个难题。正如一位西方企业的领导者所说，团队文化是一种"你难以用手捕捉到它，然而它却无所不在"的东西。

在知识经济时代里，人们逐渐发现，对于这种"看不见，摸不着"的东西，只要加以认识与运用，就可以形成一种无形的约束与支柱，在企业管理趋向团队化时，它是企业内部团结的纽带。沟通渠道，也是团队之间或团队内部成员之间相互默契的"共同语言"，它对生产和经营起着很大的协调与稳定作用，可以增强企业的竞争力，为企业进一步发展创造良好的条件。

企业要向一种正规的团队转变，就需要实施一次实实在在的团队文化变革。然而企业如何才能达到这一可望而不可及的目标呢？我想，"打造高效团队文化的六项模式"能够满足众多企业管理者的需求，也能够帮助他们走完他们企业的变革征程。

目 录

第一章　打造钢铁团队

在西点，有一条军规要无条件执行。军人首先要学会服从，团队的巨大力量来自于个体的服从精神。在企业中，我们更需要这种服从精神，领导的意识通过下属的服从会迅速变成一股强大的执行力。

——西点毕业生、劳恩钢铁公司总裁　卡尔·劳恩

第二章　组织团队

团队有很多种：比如高层管理团队、公关团队、自我管理团队、同期工程建设团队、产品与服务的开发或推广团队以及质量改进团队等等。但无论是哪一个团队，都离不开共同价值观及围绕在它周围的要素。

第三章　团队精神

要想成为一个卓越的团队组织，就必须在团队精神建设方面有好的建树，必须把团队精神的教育与良好人际关系的建立紧密结合起来。拥有团队精神的团队，会使每一个团队成员都心情舒畅、干劲十足、协作性强，并能够创造出骄人的业绩。

第四章　有效指导

我们大家都面对着许多希望，然而这些希望却都天衣无缝地被乔装成万难攻克的关隘。

——恰克·斯威道尔

第五章 打造卓越团队

企业文化的变化不一定带来改进，而改进却必定给企业带来变化。

——摘自《简单：构建企业文化就这么简单》

第六章 团队变革

一个团队，只有在竞争中打造一个好的团队模式，才能适应团队的各种变化。一个企业想成功实施团队结构并支持团队结构，第一步是要对大部分需要加以变革的企业文化在其变革规模和变革的重要性方面做出正确的理解。过于低估企业文化的能量，或反过来被企业文化的高度复杂性搞得不知所措，都会影响到你为企业变革的成功而实施的努力。

第七章　团队合作

再强大的士兵都无法战胜敌人的围剿，但我们联合起来，就可以战胜一切困难，就像成群结队的行军蚁一样，消灭掉一切阻挡在自己眼前的东西。

——西点军校第82届学员　罗伯特·伍德

第八章　团队创造价值

目标一致的团队可以让所有团队成员的劲使到一处，在这样的团队里，大家都能不计个人得失，为了团队努力到底，并且能在有限的时间里以最快的速度高质量地完成任务，最后赢得团队的胜利。

第九章　修炼团队模式

所有的成功不是自然形成的产物，而是运用一种模式所产生的结果。一个好的团队模式对团队变革会产生事半功倍的效果。如果没有这种效果，就会出现老板说得多，辅导者听得多；老板解决问题，辅导者则防范问题的发生；老板发出指示，辅导者则提出挑战；老板将自己置于员工之上，辅导者则和员工一起工作；老板推卸责任，辅导者则承担责任的局面。

第十章　打造一个高效团队

在一个企业组织中，你能做我所不能，我能做你所不能。我们一起在一个团队共同奋斗，我们就可以成就大业，就可以创造奇迹。

——摘自《洗脑》

第一章
打造钢铁团队

　　在西点，有一条军规要无条件执行。军人首先要学会服从，团队的巨大力量来自于个体的服从精神。在企业中，我们更需要这种服从精神，领导的意识通过下属的服从会迅速变成一股强大的执行力。

　　——西点毕业生、劳恩钢铁公司总裁　卡尔·劳恩

什么是团队

什么是团队呢？所谓团队就是拥有共同目标，具备不同能力、才干、经验和背景的一群人，尽管他们在现实中有许多的不同，但共同的目标足以将他们凝聚成一个团队。同样地，乔·凯兹恩巴赫与道格拉斯对团队的定义是：

共同的奋斗目标；

团队成员的个人成功要依靠团队其他成员；

一致认可的行动策略；

团队成员的知识与技能互为补充；

人数较少，通常少于20人。

什么是团队？看起来这不像一个难以回答的问题。在今天，团队似乎随处可见，而人们也早已泛滥地使用这个词汇了。如果我们深究，什么样的团队才能够使工作做得最出色，什么样的团队管理才能够真正提高团队的效率时，那就不是一件容易的事情了，这就必须要寻本溯源，回到对"团队"的再理解上来。

事实上，在企业管理中，团队是由员工和管理层组成的一个共同体，该共同体合理利用每一个成员的知识和技能协同工作，解决问题，达到共同的目标。一个团队认可并推行的一系列的价值观、行为方式以及处理事情的原则就是团队精神的集中表现。团队是由不同的个体组成的，这些新的成员要完全融入团队中去，首先就必须要学会适应团队。通过亲身体验、耳濡目染去了解该团队的文化和精神，看看身边的老员工是怎么工作的，他们具备什么样的优秀品质，有着什么样的共性。当然，我们更要通过与同事们的交流，去了解公司情况以及上司主管们的处事方式、原则和风格，他们往往会给你许多忠告。

《团队的智慧》一书的两位作者琼·R·卡扎巴赫、道格拉斯·K·史密斯一再强调要精确地区分团队和一般性的集团：团队不是泛指任何在一起工作的集团。团队代表了一系列鼓励倾听、积极回应他人观点、对他人提供支持并尊重他人兴趣和成就的价值观念。

我们再来看看通用电气前任总裁杰克·韦尔奇提到的典型团队——运动团队，不难发现：其一，团队最基本的成分——团队成员，是经过选拔组合的，是特意配备好的；其二，团队的每一个成员都做着与其他成员不同的事情；其三，团队管理是要区别对待每一个成员，通过精心设计和相应的培训使每一个成员的个性特长能够不断地得到发展并发挥出来。这才是名副其实的团队。

这样，团队与一般性集团鲜明的差别就显现出来了——创造团队业绩。团队业绩来自于哪里？从根本上说，团队业绩首先来自于团队成员个人的成果，其次来自于集体成果。一句话，团队所依赖的是个体成员的共同贡献而得到的实实在在的集体成果。在这里恰恰不要求团队成员都牺牲自我去完成同一件事情，而要求团队成员都发挥自我去做好这一件事情。

也就是说，我们最不可忽视的团队高效率的培养，团队精神的形成，其基础是尊重个人的兴趣和成就。设置不同的岗位，选拔不同的人才，给予不同的待遇、培养和肯定，让每一个成员都拥有特长，都表现特长，而这样的氛围越浓厚越好。

团队是复杂的实体，人们以不同的方式为团队的成功做出贡献。有些团队成员是优秀的组织者，他们善于将任务分解并分配给其他成员，使得任务能迅速、高效地完成；有些成员乐于不知疲倦地工作，以他们的辛勤努力推动团队的进步；有些成员的强项是协调小组的工作进程，使整个团队协调一致，愉快合作；有些成员以他们的活力和激情鼓励团队成员，调动他们的积极性；有些成员实事求是，他们指出其他人不愿涉及的问题和难题，而若非他们及时指出，这些问题终将终止团队的运作。

理想状态下，一个团队应该由各种类型的成员组成，他们在这些确保计划完成的重要方面各有所长，这样整个团队的工作就不会因团队成员能力上的差距而被拖延或延误。

对于这一点我想任何一个企业管理者都是知道的，但我在这里需要强调一点："当今或大或小的公司，对企业如何开展工作的重新思考导致了一个很切合实际的结论，那就是使企业员工们以正规的团队组织的形式参与工作。"

我们知道，在我所讲的"正规的团队"这一术语中，其关键是"正规"，那么如何来理解"正规"呢？我们可以通过下面的案例来阐述。

近年来在国内十分盛行的拓展训练，主要是通过体验式训练和模拟场景训练来提升团队合作精神，其中有一个项目十分经典，叫盲阵。在一块空地上，将一队人（人可多可少，越多越难）蒙上眼睛，交给他们一根长绳子，要他们在规定时间内把绳子拉成一个正方形。起初大家往往会乱成一团，各有自己的主张，自由走动，你推我撞，你叫我喊，乱成一片，经过漫长而无谓的争吵后大家才渐渐明白：必须确定一名优秀者为领袖，还要有一名智者为助手，统一意志、统一目标、统一行动，大家都能自觉地做到令行禁止，各负其责，才能完成这个简单的游戏。看似简单的游戏做好却不容易，这里就有一个团队的组建、合作到完成任务的过程。

再如，海尔的团队是优秀的，一个平凡的故事令人感动：1999年4月5日下午两点，一个德国的经销商打来电话，要求"必须在两天内发货，否则订单自动失效"。而两天内发货意味着当天下午所有的货物必须装船，而此刻正是星期五下午两点，如果按海关、商检等有关部门下午五点下班来计算的话，时间只有3个小时，按照一般程序，做到这一切是没有可能的。如何将不可能变为可能？此时海尔人优良的团队精神显示了巨大的能量，他们采取齐头并进的方式，调货的调货、报关的报关、联系船期的联系船期，全身心地投入到工作中，抓紧每一分钟，使每一个环节都顺利通过。当天下午五点半，这位经销商接到了来自海尔"货物发出"的消息，他非常吃惊，吃惊再转为感激，还破了"十几年"的例向海尔写了感谢信。

从以上案例可以看出，在今天的商场征战中，个人英雄主义高唱凯歌的时代已经一去不复返了，靠个人单打独斗已经无法赢得市场的决胜，只有通过团队的力量才能提升企业整体的竞争力，只有你的团队比别人更优秀才能在竞争中形成优势，也说明发挥团队的力量已成为赢得未来竞争胜利的必备条件。

团队究竟应该怎样组合才好？我们如何在工作中让每一位成员体验到团队团结的力量有多大？这种在实际行动中所亲自体验到的团队力量，比长篇大论分析团队合作如何增强个人的力量要管用得多。

具有团队精神的集体，可以达到个人无法独立完成的目标。尽管我们知道现代类型的团队很多，根据团队性质和任务的不同，团队可以分为职能型团队、跨职能型团队、项目型团队、自主型团队、轮班型团队、多元文化型团队以及虚拟或远程型团队等，但我们必须知道，只有团队成员同心协力、下定决心打败共同竞争对手，并采取一致行动才能取得成功。

现在来看几个成功的事例。美国德州一家汽车公司因为推行自我管理型团队而获得国家质量奖。美国最大的金融和保险机构路德教友互动会，因为推行自我管理团队而提高了员工的满意度，在4年的时间中减员15%，而业务量增加了50%。麦当劳成立了一个能源管理小组，成员来自于各连锁店的不同部门，他们对怎样降低能源消耗提供自己鉴定的方法，这一环节对企业的成本控制非常有帮助。能源管理小组把所有的电源开关用红、蓝、黄等不同颜色标出，红色是开店的时候开，关店的时候关；蓝色是开店的时候开直到最后完全打烊后关掉。通过这种色点系统他们就可以确定，什么时候开关电源最节约能源，同时又能满足顾客的需要。这种能源小组其实也是一个自我管理型团队，能够真正起到降低运营成本的作用。

但推行自我管理团队并不是总能带来积极的效果，虽然有时员工的满意度随着权力的下放而提升，但同时缺勤率、流动率也在增加。所以首先要看企业目前的成熟度如何，员工的责任感如何，然后再来确定自我管理团队发展的趋势和反响。对于企业来说，组织一个优秀的团队是非常难的，毕竟组建一个优秀的团队，可以使企业的发展得以持续，可以使企业的利润得到提高，可以使企业制定的各项目标得到实现，可以更好地为客户服务，从而提高企业的市场占有率。而这一切，如果没有团队协作来支持，要实现是非常困难的。那么，什么是团队协作呢？我们知道，众多研究企业团队的专家所做的定义是：

倾听他人；

让他人在你的质疑中受益；

在他人需要的时候给予支持；

珍视他人的贡献与成绩。

事实上，绝大多数的企业领导者都希望自己有一个和谐的团队组织，但他们却忘记了在这一个团队组织中需要一种团队合作精神，只有具备了这种精神，企业才能够在市场竞争中取得胜利。

让团队发挥作用

我们知道，一个团队的建设，关键取决于发挥团队的协同效应，协同效应的发挥在于部门与部门之间、员工与员工之间的良好合作，而这种合作是以沟通、协调为前提的。一个企业真正强劲的对手是自己，是自己在跟自己竞争。换句话说就是："我们只有首先战胜自己、发掘自己、突破自己、提高自己，才能在众多的竞争对手中立于不败之地。"

小溪只能泛起美丽的浪花，它无法波涛汹涌，形成激情澎湃的气势。海纳百川而不嫌弃细流，才能惊涛拍岸，卷起千堆雪，形成波涛汹涌的壮观气势和摧枯拉朽的神奇景象。个人与团体的关系就如小溪与大海的关系，只有把无数个个人的力量凝聚在一起时，才能确立海一样的目标，敞开海一样的胸怀，迸发出海一样的力量。

因此，个人的发展离不开团队的发展，个人的追求只有与团队的追求紧密结合起来，并树立与团队风雨同舟的信念，才能和团队一起得到真正的发展。

在知识经济时代，单打独斗的时代已经过去，竞争已不再是单独的个体之间的斗争，而是团队与团队的竞争、组织与组织的竞争，许许多多困难和挫折的克服，都不能仅凭一个人的勇敢和力量，而必须依靠整个团队。

在现代的商业社会中，有谁仅靠自己就能完成任务呢？也许只有那些"独行侠"式的天才般人物才能实现，比如像达·芬奇、爱因斯坦这样的传奇人物，对他们而言，酝酿伟大的想法就是他们每天所有的工作。而对于我们普通人而言，要达成目标，就需要同事之间全心全意地积极协作。但在现实生活中，我们看到的往往不是协作，而是窝里斗，结果让猜疑、不信任等耗掉了更多的资源，即使不是这样，员工们也只是偶尔聚在一起出出主意或解决问题。

现代组织中，这样的团队是不能被接受为企业组织机构中的一个正规团队的，因而它在正规的酬劳制度或奖励制度中也很少得到认可。与此相反的是，我们希望企业内部的事务性工作都是通过团队合作来完成的。不可否认的是，在团队中偶然也会有非常突出、不可替代的个体，他们有出色的见解并能做出英明的决策。但实际上，更重要的是，优秀的团队使他们的见解和决策更具价值，更能得到充分发挥。

我们知道，团队的发展取决于企业内的员工是否得到发展。

华为的矩阵式组织结构本身就是一个求助网络，每个个体都是一个开放的子系统，既求助又帮助他人，同时失去团队的自我在中国是很危险的，华为以前的内部创业中有很多原来的销售状元出去后仍然失败就说明这个问题。但要实现保证良好合作的分工是不容易的，所以往往感觉中国企业好像职责不清，大家都负责也都不负责，根本原因不是站在合作的立场来分工错了，而是员工没有真正的参与，没有发挥积极性和主动的合作精神，只是被动地完成工作，自然就互相推脱逃避责任，自然就没有成就感，个人没有得到发展的同时企业也就难以实现组织的目标。其实传统的中国文化设计的组织体系是很科学的，站在合作的立场来分工就是西方的无边界组织，融解了组织的界限，降低了沟通成本，加强了合作互助，但关键就是员工是否尽责主动，而员工尽责主动的关键就是：

1、领导首先要身体力行，能够很好的作为员工的表率，往往领导要求员工却自己不去做，所以领导必须修己，要有大局观、整体意识和合作意识，只有领导先做到了员工才有可能效仿跟随。

2、部门间要明确合作和分工的内容，该分工的要分开，各自承担独立责任，该合作的要共同承担责任，站在对方的立场去考虑问题，以顾客的需求为目标，并定期审视，清除灰色职责。

3、领导要让员工有成就感，才能引起员工强烈的参与意识，才能主动承担责任，积极互助合作，求助他人的同时帮助他人，成就自我的同时成就公司。

每天到了公司，你就要想这个事情，我如何能在今天通过工作，使我自己变得更优秀，使我自己的团队、公司也变得更优秀。

任何一个人在公司当中，一定要先求取生存。生存，是一个无论新职工还是老职工都会面临的问题。现在人才济济，如果你不考虑这个问题，你就很有可能被挤走。尤其是在民企当中，你在工作岗位上要有自己的特点，不管是工作上或是为人处世上，这个是至关重要的，是你的生存之道。只有把生存问题解决了，才有机会进一步往下走。

当然，团队中的竞争是必然的，因为有竞争才会有进步。当然这是指良性的竞争：团队中的每一个人都在进步，如果你不进步，就会被淘汰。这是天地之间的自然法则，这是必然的，尤其是国有企业，更应该要有这样的一个机制。

解决了生存问题之后，你要不断地提高自己、充实自己，提高自己在团队中的竞争力，使自己在团队中能够真正立足，甚至有能力去争取更高的职位。

这就是马斯洛提出的生存、安全、发展、自我实现的需求理论。这就要求企业的整个愿景跟个人愿景可以融合在一起，这就是个人在团队中成长，同团队一起成长。

在管理过程中我们同样需要明白：一个团队成员所做的事并不能与所取得的成效划等号。一个团队也需要一个高瞻远瞩的战略目标做引导，一个团队必须有个清晰的战略目标，团队成员才能朝着这个战略目标前进。毕竟，团队领导不可能改进或完善自己也不了解的事情。你问自己的问题越多，就越能更清楚地了解自己。当你决定去做什么，你希望采取快或慢的方式去执行，是对了，还是错了，这一切都是基于人们思考的结果。归根到底，不管目标是什么，我们可以确定的是，达成目标是团队存在的目的，是推动当代商业经营的动力，是体现团队价值之所在！只有为团队成员指明发展方向，才是最根本的工作本质。所以，如果企业领导者的战略目标是全新的，我们就一定要明确前进的方向。如果你整装待发，心里却没有一个明确的目的地，那么一定要放慢脚步，多问自己几个问题。

另外，随着经济的发展、公司规模的扩大和公司数量的增多及竞争的日益激烈，社会上存在的风险和不稳定性也随之增多。上到公司的管理者，下到公司员工，都承受着巨大的工作压力。每个员工不再是像以前那样自己顾自己，他们需要的是通力合作，需要借助彼此的专业技能、不同的见解和共同的付出，只有团队成员发挥出各自的特长，才能使这个团队充满竞争力。实践证明，一个通力合作、尽展各自特长的团队，在需要解决问题或面对挑战时，每个团队成员都能承担起各自的责任和风险。每个团队成员在面对风险时都表现出负责任的精神，那么，这个团队一定可以取得惊人的成果。

所以说，当一个团队的目标达成后，我们就可以看出一个通力合作的团队所释放的能量，就能看到每一个团队成员在取得业绩时分享团队的成绩，获取个人的酬劳，他们每个人都是胜利者。

团队转变

在前面我们已经阐述过，不同的团队具有不同的团队风格。我们可以做个比喻。一个成功的乐队，必定是一个成功的团队。成为乐队的先决条件是对音乐的热爱和付出，所以我们的团队成员也需要一个共性，对行业的认同和热忱。其次是确定一个指挥者，因为我们的团队会有很多的思想，但是最后只能由一个人拍板。再次，乐队的人员专长都不同，没有清一色提琴的乐队，也没有清一色架子鼓的乐队，所以我们的团队也需要多元化，我们所说的多元化指的是经历经验、专业技能的多元化。不同的经历和经验会在讨论问题时展现问题的方方面面，新的思想和主意都来自问题的方方面面，如果你的团队成员有相同的经历和思想，那么很不幸，你可能会错过很多次创新的机会。多元化的团队还将给你的团队成员带来好处，不同思想的交流和沟通，有利于成员自身的提高。

一个成功的团队首先要有团结协作的意识。团结协作是团队精神的源泉，没有良好的团结协作意识，团队就很难营造出核心竞争力和长期竞争优势。如果每一个成员都各自为战，自己干自己的事情，而不关心其他成员的工作，也不配合其他同事的工作，必定导致相互推诿和工作效率低下；如果没有强大的鼓励协作的企业精神做后盾，部门之间壁垒森严，"部门保护主义"盛行，团队工作也无法开展。

如果每个人都愿意把自己的光和热奉献给团队，我相信这个团队一定是成功的。无论走在任何地方，它永远都散发着光和热。只有团队获得了成功，每个人才能体验到成功的快乐。

当个人加入到一个团队中后，每个人就成为团队的一部分，每个个体组成了我们所说的团队，团队成为个人的代表，团队就是一个共同的"我"；当个人接受了团队文化及团队精神之后，他们以团队喜为喜，以团队忧为忧，产生了强烈的团队荣誉感，为着团队能够成功而不断提高自己的能力，"我"可以代表团队。此时，团队与个人就成了一个整体。

西点军校教育学生不应该立足于自我，而是凡事能够想到"我们"，这里的"我们"就是团队，就是西点，就是美国陆军，甚至是全美国。

所以，西点的学生需要密切合作，新学员要学会互相转告"每日一问"的内容，需要向室友通知第二天的制度要求，彼此提醒各种活动的禁忌等。在西点军校中，一个学员了解情况后，会把信息发布在网络上，帮助所有的学生快速了解某一方面的知识。

西点军校就是要让学生们知道，从加入西点的那一刻起，他们就不再是"自己"，而是整个西点的一员，做什么事都要以西点这个团队的利益为重。许多西点名将一回忆到西点学生生活中的"等待吹号"，就会感到很愉快。

在西点军校，上下课都必须准时，一旦下课的号声吹响，那么不管什么课程都必须立即停止。因此学员们在自己的室友遇到困难时，就开始使用"等待吹号"这一计策。比如说有一位同学被老师点名回答问题，但他恰巧不会，在他非常无助的时候室友会纷纷给予帮助。帮助他的人会不断向讲师（或教授）提问，试图岔开这个问题。当讲师（或教授）回答完一个问题的时候，他们立刻会问下一个问题，总之只要下课的号声不响，他们就会一直追问下去，这样那位答不出问题的同学就能躲过一劫。

艾森豪威尔在西点的人缘很好，就是因为他擅长帮助同学"吹号"。

尽管这并不是值得推崇的行为，但这样做也确实培养了西点学员们的团队意识，这让他们不再仅仅考虑自己，而是考虑到"我们"。

哈佛大学有一份关于成功因素百分比的数据统计，成功所必需的要素所占的比例大致是这样的：小事成功：专业能力占80%，人际关系占10%，观念占10%；大事成功：专业能力占20%，人际关系占40%，观念占40%。

这组数据说明，小成功靠自己，大成功靠团队。如果你只想获取一些小小的成功，依靠你自己的知识和能力是能够达到的，但要想有大的成就就需要团队的力量，只靠个人是不可能有大的成就的。

有人这样分析汉字里的"人"字，我觉得很有意思：一撇一捺，其中一笔是你自己，而另一笔则是你身边的人，两笔相互依靠和支撑在一起便组成了一个"人"字。

一个人成功了，除了自身的努力外，更离不开周围的人的支持、帮助和辅佐。中华五千年，从历史上看，无论哪一代的君主成就伟业都无不有一群人在其身边支撑、辅佐。

我们都知道项羽和刘邦争霸天下的故事。

项羽在推翻秦王朝的战争中起了非常关键的作用，属于实力派人物，其势力远远超出刘邦，而且他"力拔山兮气盖世"。若论单打独斗，别说他能以一当十，就是以一当百也不为过；在与刘邦争夺天下的过程中，一开始，只要他亲临战斗，则每战必克，刘邦则临战必败，但结果却是刘邦势力越来越大，而他的势力却越来越小，最终落得个被围垓下、自刎乌江的结局。他至死也没弄明白，他到底失败在什么地方，还说："此天亡我也，非战之罪也。"

反观刘邦，不仅本领不如张良、萧何、韩信这"兴汉三杰"，而且还"好酒及色"，早在当亭长时，"廷中吏无所不狎侮"，简直就是地痞流氓。但在与项羽的战争中，却最终打败项羽，夺得天下，胜利还乡，高唱《大风歌》。为什么？刘邦在建国后的一次庆功会上，曾向群臣解释说："夫运筹帷幄之中，决胜千里之外，吾不如子房；镇国家，抚百姓，给饷馈，不绝粮道，吾不如萧何；连百万之众，战必胜，攻必取，吾不如韩信。三者皆人杰，吾能用之，此吾所以取天下者也。项羽有一范增而不能用，此所以为吾擒也。"

刘邦把胜利的原因归结为他能识人用人，而项羽则不能识人用人。

刘邦的说法传承日久，并经过历史的强化而成为他战胜项羽的最佳解释。

在我看来，刘邦的胜利，是团队的胜利。刘邦建立了一个人才各得其所、才能适得其用的团队；而项羽则仅靠匹夫之勇，没有建立起一个人才得其所用的团队，所以失败是情理之中的事。

在我们的生活中这也是一个常见的现象。在个人比赛时，我们总能取得优异的成绩；而到了团体项目时，却与他人相差甚远。所以我们一定要牢牢抓住以十当一的核心，向同一个方向努力前进。

对于企业而言，一个成功的团队，背后有着多少不为人知的团队成员在尽自己的心力默默耕耘。为什么有那么多的人甘愿充当"绿叶"呢？只因为他们把团队当作了自我，把自己完全融入团队之中，与团队成为一体，只要团队取得了成功，那就是他们自己的成功。正是这种动力驱使着他们源源不绝地为团队贡献自己的力量。

在某一年洪水暴虐的时候，聚在堤坝上的人们凝望着凶猛的波涛。突然，有人惊呼："看，那是什么？"一个像人头的黑点顺着波浪漂了过来，大家准备再靠近些时营救。"那是蚁球。"一位老者说："蚂蚁这东西，很有灵性。1969年发大水，我也见过一个蚁球，有篮球那么大。洪水到来时，蚂蚁迅速抱成团，随波漂流。蚁球外层的蚂蚁，有些会被波浪打落水中。但只要蚁球能靠岸，或能碰到一个大的漂流物，蚂蚁就得救了。"不长时间，蚁球靠岸了，蚁群像靠岸登陆艇上的战士，一层一层地打开，迅速而井然地一排排冲上堤岸。岸边的水中留下了一团不小的蚂蚁。那是蚁球外层的英勇牺牲者。它们再也爬不上岸了，但它们的尸体仍紧紧地抱在一起。那么平静，那么悲壮……

蚂蚁，为什么能在生存竞争残酷的地球上繁衍生存数亿年仍生生不息？想想看，一群小小的蚂蚁，它们团结的力量多大？一个身体大蚂蚁十几倍甚至几十倍的昆虫，它们都能把它搬回巢穴，无论这中间的距离有多远，一只蚂蚁总能找到它的同伴共同为搬走这只昆虫而出力献策。它们一窝实际上是一个生命，生存的最基本的道理就在这里——相互依存、共同发展。

企业经历了风雨，中间有过诸多的坎坷，之所以走到现在，就是因为无论遇到多大的困难，你们的老板永远和你们在一起！为自己的发展选择一个团队，找一种归属感，使自己的价值、自己的使命、自己的未来和社会潮流、国家利益方向一致，然后以此为基础，在团队中扎根、成长，成为社会的人才，国家的栋梁。

如果每个人在工作中能够超越雇佣关系，怀着一颗感恩的心，肩负起团队的责任感和使命感，为本职工作贡献自己的力量，那团队的成功就指日可待！

许多企业的管理者认为，将企业改组为团队的过程简单而又轻松。他们分发了一些文件，召集员工们开会，向员工们简单地说明团队协作是如何重要以及为何如此重要，然后在公司的组织配置方面随意做一些调整，并对员工们进行培训。这就是他们对此所做的一切！有时候他们会想："现在公司正以团队的工作形式运行。"可是他们有没有想过，事情真的就如此简单吗？刚好相反，以团队人才为本建设企业文化是一个优秀企业建立高效能团队的重要元素。企业文化分为硬性文化和软性文化两个层面，例如规章制度、绩效考核、培训计划等等都属于硬性文化的范畴，企业可以实施360度绩效评估。来自主管及周围同事的评估，可以让员工切身感受团队工作的重要性。

由此可见，向团队结构进行的转变应当被当作企业文化的一个重大的变革。也就是说，有团队精神的集体所创造的价值要比每个成员单独所创造出来的价值总和还要大，而没有团队精神的集体所创造出的价值反而比每一个成员单独所创造出来的价值还要小。

当然，我们不能忘记团队的根本功能或作用，即在于提高组织整体的业务表现。强化个人的工作标准也好，帮助每一个成员更好地实现成功也好，目的就是为了使团队的工作业绩超过成员个人的业绩，让团队业绩由各部分组成而又大于各部分之和。

团队的所有工作成效最终将会在一个点上得到检验，这就是协作精神。我们可以看一个生动的例子：一次，联想运动队和惠普运动队做攀岩比赛。惠普队强调的是齐心协力、注意安全、共同完成任务。联想队在一旁，没有做太多的士气鼓舞，而是一直在合计着什么。比赛开始了，惠普队在全过程中几处碰到险情，尽管大家齐心协力，排除险情，完成了任务，但因时间拉长最后输给了联想队。那么联想队在比赛前合计着什么呢？原来他们根据队员个人的优势和劣势对整个团队进行了精心的组合：第一个是动作灵活的小个子队员，第二个是一位高个子队员，女士和身体庞大的队员放在中间，殿后的当然是具有独立攀岩实力的队员。于是，他们几乎没有险情地迅速完成了任务。

由此可见团队的一大特色：团队成员应注重才能上的互补。共同完成目标任务的保证就在于发挥每个人的特长，并注重流程，使之产生协同效应。

确定团队的组织模式

从产业结构来说，人们要求企业变得更具效率，更有灵活性。企业必须成功地营造一个有利于团队和团队协作的氛围环境，才能长久生存下去。

我们知道，企业的核心要素是人，人是世界需求发展趋势、产业发展趋势、企业以及团队这几个要素的核心。人是构成整个企业系统组织的核心元素，有素质、有觉悟、有水平的人就是适合于企业的人才。

企业的长远发展，需要一群人组织成不同的团队，让这些团队以不同的方式去迎接新的挑战；企业的发展，需要建立一支步调一致、遵循游戏规则、精而强、高水平的组织队伍。当这个组织队伍在完成工作的过程中更多地运用团队的组织形式时，我们就要通过正确的团队战略步骤来加以指导为团队组织提供保障。

1985年，法国科学家曾发现蚂蚁能救火。后来，英国一位动物学家的实验证实了法国科学家的发现。

英国科学家把一盘点燃的蚊香放进了一个蚁巢。开始，巢中的蚂蚁惊恐万状，约20秒钟后，许多蚂蚁见险而上，纷纷向火冲去，并喷射出蚁酸。可一只蚂蚁能喷射的蚁酸量毕竟有限，因此，一些"勇士"葬身火海。但它们前仆后继，不到一分钟，终于将火扑灭。存活着立即将"战友"的尸体，移送到附近的一块"墓地"，盖上一层薄土，以示安葬。

一个月后，这位动物学家又把一支点燃的蜡烛放到原来的那个蚁巢进行观察。尽管这次"火灾"更大，但这群蚂蚁却已有了经验，迅速调兵遣将，有条不紊地协同作战。不到一分钟，烛火即被扑灭，而蚂蚁无一遇难。科学家认为蚂蚁创造了灭火的奇迹。

蚂蚁面临灭顶之灾时的非凡表现，尤其令人震惊。

在野火烧起的时候，为了逃生，众多蚂蚁迅速聚拢，抱成一团，然后像雪球一样飞速滚动，逃离火海。那噼哩啪啦的烧焦声，是最外层的蚂蚁用自己的躯体开拓求生之路时呐喊，是奋不顾身、无怨无悔的呐喊。

从蚂蚁扑火的实验中可以看出，个体的力量是很有限的，单打独斗不但解决不了问题，反而会把事情弄得更糟，但是团队的力量则可以实现个体难以达成的目标。

人也是一样。每一个公司都类似于一个大家庭，其中的每一位成员都仅仅是其中的一分子，每个人单独可以做好的事情很少，而且效率和质量都极低。但如果几个人组成一个团队，就可实现协同合作，从而使整个组织的战斗力得以提高。所以，团队精神是相当重要的。只有具备团队精神才能创造更多的价值、更大的效益。每个人的价值也会因为团队合作而变得更大，更加引人注目。因此，可以毫不夸张地说，只有对团队认真负责的人，才能对自己的人生和事业负责。

可口可乐的价值观里面还强调员工个人的主人翁意识，鼓励"改变从我做起"。这种主人翁意识是如何体现的？

在可口可乐，每个员工都是领导者，目的是鼓励他们把工作当成事业，发最大的能力。公司内部有核心领导力模型，我们把员工分为三大类型：一个是Leader of Leaders，即高级领导者；一个是Leader of Others，即中层领导者；Leader of Self，即个人领导者。在这个模型下每个员工都是领导。每个项目中都要求他们全力以赴。

这三大类我们贯穿到对他们的期望和绩效考核中。拿人力资源部来说，人力资源总监是Leader of Leaders的级别，人力资源经理是Leader of Others级别的，经理的下属是Leader of Self级别。总监要制定战略，要发展员工，要起到模范带头作用；经理要发展下属，要和其他同事合作；人力资源部门普通员工要和其他同事合作，用合适的方法解决问题。在绩效评估中每个级别被赋予不一样的职责范围。

公司通过很多渠道鼓励员工行使领导者的权力。即使公司拟定的战略计划，如果员工在执行当中觉得不对，或者有更好的办法，就可以提出来，说服他的上司或者管理层。只要他的方法正确或者有创新性，公司都会按照他的方法做，尊重他的想法。不论员工的级别。

比如在奥林匹克项目上，我们全球开放了一个网站，鼓励员工在这个网站上提一些活动的建议。

为让员工更好地参与进来，公司在必要时给员工充分的授权，让他们行使主人翁的权利。比如翟嵋是公共事务及传讯部的一个同事，2004年她加入可口可乐雅典奥运会工作组。可口可乐是雅典奥运火炬接力赞助商，翟嵋的工作组承担了推选奥运火炬接力手的任务。她们推选了孙雯、濮存昕和成龙三位人选报到总部，总部审核后就同意了。这么大的任务总部放心地交给她们，而且对她们的工作做了肯定，这位员工的成就感得到了很大的满足。

每一年我们有一个年度业务计划，每个部门经理和员工都要把自己的思路和方法总结起来，传递给管理层。另外我们一年一度有员工沟通大会，总裁等高层到每个区听取员工各方面的建议，把目前的业务状况、下一步公司的战略方向都会和员工进行沟通。每个员工都要参与其中。

这是一个比较固定的沟通过程，已经是可口可乐公司的一个文化。日常工作中每个项目都体现了这种文化，每个员工随时随地都能表达自己的想法。

另外公司在架构上相对扁平，从总裁到普通员工，总共的层级不会超过五个。这个扁平的架构让信息沟通比较快速。

为了让员工更好地行使主人翁意识，我们和国际性的员工顾问调查公司合作每18个月做一次员工意见调查，根据实际情况设计一系列调查问卷，全方位了解员工会如何看待公司。问卷一共涉及14个方面，包括领导力、授权、绩效评估、培训、薪酬福利等方面，公司根据员工的反馈作进一步的调整和行动计划，改善现有的一些不足的地方。

授权给员工参与决策，这里就有一个行为风险吧？

我们鼓励员工可以冒一些可控制的风险。比如员工不知道应不应该做，我们鼓励他去做，但是通过汇报系统控制风险。比如每个月上下级都有沟通。

每个员工在进行重要的工作改动时，会把自己的想法和做法抄送给小组内的其他同事。小组其他成员如果觉得有风险会告诉给那个同事，小组领导也会有指点。所以其实是团队行为，而不是独立作战。

公司的职能部门有很多，一些后勤部门比如前台、会计，是否也对他们的主人翁精神有要求？

不同职位有侧重点。比如对外事工作来说，我们要看重他带领团队、平衡各方面利益的能力，制订执行战略的能力等，对一般的会计来说，要有时间管理的能力、沟通能力、有多少年会计经验等。在PR这个职位上，如果候选人主人翁精神分数比较低，我们就不会用；如果会计职位的候选人主人翁精神相对弱一点，其他能力都很突出，那我们也会考虑。

我们知道，在现代组织形式中，企业的发展需要一批高精尖的团队成员，这些团队成员能够组合在一起把各自的能量发挥到最高点。因为无论一个人的学历有多高、经历有多丰富，他都必须先融入自己所在的团队文化之中，并能不断学习、善于思考，从内心深处认同企业的经营思想，只有做到这一点，才谈得上做出业绩，以及为企业发展做出贡献。对于这一点，琦金国际企业顾问公司的一位领导曾经说过："一个企业的发展必须要有一批训练有素的人。在琦金国际，我一贯强调先人后事，就像企业经营轴心图中展现出来的一样，要想做一番事业，首先要团结人才，组成一支队伍。"然后，他又说道："一个企业组织如果能够成功地将不同的人才结合起来，使之形成一支能达到预期目标的团队是这一战略方针最重要的意义所在。为此人们的希望和要求是要建立一支企业团队。在这支企业团队中，所有那些原先具有不同文化的分支机构、组织和部门都能走到一起，联手合作。此外，企业领导者还必须提供正确的战略方案，以使组织得到合理的保障。"

当然，这些方法是科学的，因为他至少让我们看到以下四点：

第一，把团队组织中各成员的特长组织在一起非常重要。毕竟一个人的力量是有限的，所以组成团队最直接的目的，就是将一群有着相同理想和相同利益的人组织在一起，为了共同的目标而去奋斗。

第二，作为一个团队来说，团队成员是否有着很好的职业技能和专业知识，直接关系到所在团队以后的发展。但是，作为团队的建设者来说，仅仅从职业技能和专业知识方面去训练团队之中的成员，并不能够真正地使团队在强手如云的竞争环境中取得进步。

第三，要认识到团队组织本身就是一种资本，尤其是宝贵的人力资源以及具有强大凝聚力、渗透力和再生性的企业文化，这些是组织中包含的关键要素，是团队组织竞争的资本。要把整个组织当成一种资本来运作，它是一个企业的财富。

第四，要建立一个以我为主的外延组织架构，把社会上分散的单体力量组织成整体力量为我所用，在企业活动中发挥重要作用。

总之，对上述四点方法的实施贯彻，已经表现出了一个团队组织的竞争力，已经表现出团队领导者将团队结构组建得更具规模，将有利于企业组织在整个竞争潮流之中取得发展和进步。作为团队的建设者，还必须认识到团队与团队构建的形成，还必须加强团队成员的道德思想建设，形成团队特有的信念和文化，然后使之与整个企业文化融合在一起，从而产生巨大的影响力和竞争力，成为企业发展的一个动力系统。

总之，企业领导者在确定团队组织的模式时，必须认识到要想使一个团队成为一个优秀的团队、具有强烈竞争力的团队，倘若没有自我的文化理念和自我的信念，形成自我团队的风气，这个团队无疑是一艘航行在茫茫大海之中的没有罗盘、没有舵的船，随时随地都会迷失方向的。这怎么能够使得团队取得长足的发展和壮大呢？此时企业领导者必须意识到下列几个要素的重要性：

1. 团队发展目标。团队发展目标能够为团队成员的发展起到导航作用。确切地说，团队成员的发展目标能够将整个团队紧紧地联系在一起，能够使团队成员知道要向何处去。一个团队成员不管能力有多强，只要他们能够认同他为之奋斗的目标是什么，认同企业的价值观，他就能够看到这个团队存在的价值，并为之奋斗终身。

2. 团队的核心是人。我们在前面已经说过，人是构成团队最核心的力量。一个企业要发展，必须团结一批志同道合的人，组织一个团队、一支为了企业的发展而奋斗的队伍。在一个团队中可能需要有人出主意，有人定计划，有人实施，有人协调不同的人一起去工作，还有人去监督团队工作的进展，评价团队最终的贡献。这就是说，当我们在组建团队时，就要认识到只有将团队成员的不同特长组建在一起，才能充分发挥这个团队的特长，毕竟团队数量的效果取决于规模，而规模取决于对不同特长的人的合理搭配，使不同的团队成员能够做到能力互补、技能互补、经验互补。

3. 团队的定位。团队的定位包含两层意思。第一层意思是指团队在企业中处于什么位置，由谁选择和决定团队的成员，团队最终应对谁负责，团队采取什么方式激励下属？这属于整个团队的定位；第二层意思是指作为团队成员在团队中扮演什么角色？是订计划还是具体实施或评估？这属于个体的定位。那么，这二者在团队组织中有何意义呢？我们知道，一个团队领导者只有合理地搭配人才，用好人才，充分发挥群体优势，才能取得巨大的工作成效。特别是随着社会化大生产的实现，单纯地依靠一个人或者一类人，已经是远远不够了。一个有效的团队群体，只有明确团体定位和个体定位才能把各成员优化组合，才能产生新的巨大的集体能量，才能取得卓有成效的业绩。

4. 权力的合理使用。从无形的权威到有形的权力，既是一个领导者成熟的过程，也是一个领导者成功或失败的过程。一个团队当中领导人的权力大小跟团队的发展阶段相关，一般来说，团队越成熟领导者所拥有的权力相应越小。在这样的情况下，团队领导者就要认识到不是每一个人都有获得权力的机会，也不是每一个人都能够珍惜手中的权力，只有合理地使用手中的权力，才能充分调动团队的积极性，这就要求团队领导者在使用权力时要明白：我在整个团队组织中拥有什么样的决定权？比如说财务决定权、人事决定权、信息决定权。只有团队领导者明白了这些，才能加强监督和控制，才能建立有效的反馈系统。

5. 合理的计划。在一个团队组织里，团队领导者对自身领导的团队发展是有计划的，他们对目标的实现先是制定一个计划，随后执行这个计划。他们一般的做法是：首先确定团队目标的实现，然后制订一系列具体的行动方案，并把计划分解成目标的具体工作的程序，或者是提前按计划进行可以保证团队工作的顺利进行，然后有步骤地贴近目标，从而最终实现团队整体战略目标。

所以说，确定一个团队组织是多种要素的组合，这不仅需要团队领导者遵循自然法则，顺应大势，对团队起到驾驭作用，还要明白自己必须能够适应企业的发展要求，对社会变革、经济发展的复杂性有冷静的分析力、判断力和驾驭力，尤其是对科学技术的进步有相当敏锐的观察、捕捉力。只有这样，他在领导团队发展时，才能看清未来的发展趋势，认识到自己所处的位置，凭借自己深厚的知识积累，为企业未来的发展指引方向，描绘蓝图。同时，团队领导者还必须有一种激情，胸怀大志，不断激发团队成员的活力，以保持团队成员的创新热情和凝聚力。

团队的目标

自然界中有一种昆虫很喜欢吃三叶草（也叫鸡公叶），这种昆虫在吃食物的时候都是成群结队的，第一个趴在第二个的身上，第二个趴在第三个的身上，由一只昆虫带队去寻找食物，这些昆虫连接起来就像一节一节的火车车厢。管理学家做了一个实验，把这些像火车车厢的昆虫连在一起，组成一个圆圈，然后在圆圈中放了它们喜欢吃的三叶草。结果它们爬得精疲力竭也吃不到这些草。

这个例子说明在团队中失去目标后，团队成员就不知道向何处去，最后的结果可能是饿死，这个团队存在的价值可能就要大打折扣。

团队的目标必须跟组织的目标一致，此外还可以把大目标分成小目标具体分到各个团队成员身上，大家合力实现这个共同的目标。同时，目标还应该有效地向大众传播，让团队内外的成员都知道这些目标，有时甚至可以把目标贴在团队成员的办公桌上、会议室里，以此激励所有的人为这个目标去奋斗。

我们知道，一个团队组织如果没有目标，就像没有目的地的航船，在广阔无垠的海面上漫无目的地漂浮着，到不了任何地方，留下的只有无休止的会议、令人厌烦的讨论、敷衍塞责的决定。团队需要的是一个坚定、明确和有可能达成的目标，一个陈述了团队努力方向的目标，一个改善现状的目标，一个强调执行力和果断决策的目标。例如，在面对企业变革时，我们的团队就需要认识到他们产生变化的目标是什么，达到的结果是什么，对于这两个问题，我们可以这样认为：最早承认了企业界正面临着有史以来最为巨大、最易受损的变化能使团队产生新的思维。这正如杰克·韦尔奇所言："坚持实事求是，一个企业就能无往而不胜。"

当然，在一个团队组织中，可能由于团队成员之间的个性不同，导致了团队具有独特的团队文化，但不能忘记，他们仍有共通之处。例如企业价值观是什么，传统企业或网络企业都能够促使团队成员做决策，引导企业朝既定目标前进。企业价值让所有团队成员协调一致，向着共同的目标努力。无论一个团队的业务性质是什么，价值观与目标都是同样重要的，都是为了确保公司评定的策略能顺利达成。许多人认为，企业价值观，有助于促进卓越业绩表现及企业竞争力，但是，通常管理层制定的价值观与实际执行的颇有差距。再者，员工并不清楚企业价值观如何付诸行动。如果团队领导者想利用价值观来激发员工做出卓越的业绩，则管理阶层需要做到以下几点：

1. 必要时沉着坚定。金钱就像时间和人力一样都是资源，当外部与内部环境需要时，就必须加以投资。

2. 让大家知道，你的立场也许无法受到大家欢迎，但要解释它对企业的成功是如何重要。

3. 将企业价值观转换成具体行动，并与资深员工进行沟通，然后让这些主管将上级领导的意见向下传达。价值观必须转换为实际行动，才能让员工更了解要如何做才能共创企业终极成就。

4. 清楚地知道价值观的重要性。由价值观带动而成功的企业，都深知员工若不知道价值观的重要性，就不会努力工作达成目标。他们也许一点也不在乎，除非管理层向他们解释他们对公司竞争力与营销策略的重要性。

5. 将价值观转换成工作表现。资深主管需将公司价值观或目标当成员工的责任。单向员工叙述公司价值观，无论是以客为尊、精简或提高生产力，都是没有用的，一定要将这些价值观转换成员工能够执行的确切行动。

6. 价值观优先顺序。主管明确表示与企业价值观相关的行动要优先执行，其他的行动都不能列为优先。否则企业制定的价值观与实际的价值观将发生偏差，让人困惑。

7. 奖励忠实追求企业价值观的员工。

8. 树立员工典范。

所以说，典型的团队目标描述是简短和精确的。比如面对企业随之而来的对员工们提出的更具效率的要求，我们就要求团队成员一定要做到消耗较少而收益更多，我们要求他们重新好好地思考该如何实施企业工作这一基本问题。对于一家为了生存而不得不被卷入变化的企业来说，如果能够建立一个合作的、目标专一的、执著进取的团队，不管遇到多么大的困难，都一定会取得胜利。

由团队目标引发的思考

在团队组织中，我们要让团队成员相信团队目标是可以实现的，是正确的。要让他们知道共同的价值观和共同的目标，尤其是荣誉守则是团队合作的基础。团队组织要尽力加强团队成员的团队精神，让他们了解共享一切的重要性。对团队成员而言，没有个人的行为动机，只有团队的目标。

那么，团队目标到底意味着什么？确立一个明确的、共同的目标非常重要，一个好的目标能使团队成员相信，他们是在向同一方向努力。因此，可能会很好地相互理解和交流。他们会意识到需要他人给予的信息、知识、意见、支持和力量，才能使自己的工作更好地完成，为团队多做贡献。另外，作为一个企业的领导者，还要意识到如果团队中还存在认为团队目标是错误的成员时，那么团队的成绩将受到很大的影响。在这种情况下，要让团队成员知道，建立一个清晰的、有吸引力的奋斗目标是发展一个团队的关键环节。所有的成员都必须充分了解团队的目标和理念。他们必须知道他们要完成什么工作、如何通过合作来达到目标。他们应该了解目标对其自身和其他人的重要性，承诺要为实现目标而努力。目标会给团队成员激励和方向感。所以一些富有责任感的团队领导认为应该在以下几方面形成认识：

危机意识和洞察力：这个知识经济时代对中国的企业而言，既是挑战，也是机遇。因此，面对挑战，我们要有危机意识；面对机遇，我们要有洞察力。

危机意识是我们人类社会进步的主要动力源泉之一。一般来说，危机的发展会经历四个阶段，即潜伏期、显现期、崩溃期和灾难期。作为企业的高层管理者，在危机潜伏期的时候要善于发现危机的前兆，及时采取各种策略措施，使矛盾解决在萌芽状态之中。

企业家要有深刻的洞察力。企业的竞争分三个层次。第一个层次，从既有的产品市场出发，在已有产业结构中提高市场占有率。这种竞争，强度很大，空间很小，是低层次的竞争。第二个层次，企业要选择一个盈利能力很强的产业。实行这种战略，也就只能在行业的领先者的后面找一点利润，要超越行业的领先者恐怕是相当困难的。

企业竞争的第三个层次是在一个新的产业中抢先占领战略制高点，这就要求我们的企业家对未来人们的需求和未来市场的变化有深刻的洞察力，并能够预见到别人还没有看到的顾客未来需求的变化，从而培育起自己的能力，成为产业领先者。

企业的"战"况如何：对于这个问题，松下（中国）公司张仲文先生做了一个总的概括：

第一，当今企业的竞争需要实力，包括经济实力、人力资源实力等，经济实力的主体是科技，经营者更是关键的关键。

第二，应该牢记"知识、见识、胆识"，在知识经济时代，只有把知识消化吸收，变成自己的见识，才能创新，才有价值。见识加胆识是成功的必经之路。

第三，造就、培育和保护一大批有胆有识的企业家是中国走向世界的关键。

第四，牢记经营之真谛："下雨打伞。"

第五，信息化时代，管理作用将越来越大，管理的内涵将越来越丰富。

第六，经营既是韬略也是艺术，更是文化，经营的目的是为社会服务，而利润则是社会给你的报酬。

培养竞争力：中国企业管理能力的提高，应在多方面努力，其最主要的是培养企业的竞争力：

第一，要树立自己的理念。企业是竞争主体，为了有效地从事经济活动，必须具有独特的理念，找到企业自己的精神支柱，企业精神是企业的生命力。

第二，要制定发展战略。一个企业只知道自己明年想多增长20%的产量是不行的，必须知道企业下一步究竟要干什么。

第三，要确定品牌意识。品牌是企业的生命。名牌将是使企业在竞争中立于不败之地的物质条件。

第四，要实施营销策略。营销绝不仅仅是找很多销售人员把生产出来的东西硬推销出去。

第五，要严格财务核算，现在许多企业基本上没有严格的财务核算制度，这就无法真正实现以成本为中心，取得尽可能大的利润收益。

第六，确定以人为本的观念。人是创造企业财富的能动力量，运用各种手段，激发、调动全部经营管理者和生产者的积极性和创造性，是管理好现代企业的核心。

重组新战略：在知识经济时代，企业经营需要有"一级战备"的思想准备，以迎接企业面临的挑战。中国企业如何才能有效地做好准备呢？关键在于对信息和形势的分析，我个人认为，以下几点值得我们重视：

第一，我们的时代需要"利用"而不是"拥有"。

第二，企业规模的分化重组，使得大企业更大了，小企业更专更强了。

不同优势的大企业之间的合并，目的是走专业化的垄断道路，追求规模经济效益。跨国企业的兼并、联盟与合作，势不可挡、持续不衰。韦尔奇说："任何地区，如果公司规模效益不是第一第二就给我撤回来，我在各地保留的只能是绝对优势。这个心态，就是大企业的动向，大企业的思路。"

第三，企业目标已不是利润、产值、市场占有率，根本是为社会、为用户、为股东创造价值。

企业追求产值和利润是天经地义的，但可能短视或走偏；追求市场占有率似乎有道理，但它的不稳定性，也导致了不能体现企业基本目标。那么当今企业的目标是什么？我国一些大型成功的企业都认为，是为用户、为股东、为企业创造价值。

所以，在团队开始行动之前，应该对上述问题做出理解，同时还应该找出并解决有关团队目标的问题和疑点。

要确保团队目标产生效果，那么以下三点很重要：

简洁：使目标是简短的、清楚的、指引行动的和确定的。如果团队成员不能理解目标，又怎么能够达到目标呢？

明确：向员工提出"目标是什么"这个问题，他们的回答将显示他们是否明白团队期望获得的成效。

具有可行性：一个团队有了达成目标的技能、资源和责任，那么它就能不遗余力地去实现目标。

团队中的个人素质

至此，我们要问，团队精神的最高境界是什么？它是全体成员的向心力、凝聚力吗？

在这里，有着一个共同的目标并鼓励所有成员为之而奋斗固然是重要的，但是，向心力、凝聚力一定来自于团队成员自觉的内心动力，来自于共识的价值观。我们很难想象在没有展示自我能力的集团里能形成真正的向心力；同样我们也很难想象，在没有明确的协作意愿和协作方式下能形成真正的凝聚力。那么，确保没有信任危机就成为问题的关键所在，而损害最大的莫过于团队成员对组织信任的丧失。

那么，究竟什么是团队精神的最高境界呢？我们是否可以说就是在企业里有这样一种氛围：能够不断地释放团队成员潜在的才能和技巧；能够让员工深感被尊重和被重视；鼓励坦诚交流，避免恶性竞争；用岗位找到最佳的协作方式；为了一个统一的目标，大家自觉地认同必须担负的责任和愿意为此而共同奉献。

当然，个人素质能力是每个人内在的一类能力，反映出个人的品质和特征，与之相关的因素是人们相信什么，采用何种思维方式，他们如何去感受周围环境，能感受到什么，他们如何学习，如何发展自我。这些能力会影响人们完成任务和与人相处的能力，但与之最为相关的是自我认同意识。

总之，体现这种自我意识的一个方面就是团队成员的自我发展能力。

什么是自我发展能力呢？自我发展能力是人们用以表现其不断成长、学习和发展的愿望和能力，是每一个人固有的能力。人类具有处理信息的能力、学习的能力，并能够以全新的、不拘一格的方式做出对周围环境的反应。毕竟学习和成长的愿望是每个人潜在的品质。

具有这种能力的人将会发挥什么样的作用呢？具有很强自我发展能力的人能够对他们现有的技能水平和为获得进一步成功所需要的其他技能做出准确的评价。他们还会主动去发现将来的岗位需要哪些技能，并为获得这些技能做必要的准备。他们准确评估哪些能力对自己目前和将来从事的工作至关重要，并投入大量的时间和资源提高这些能力。自我发展能力强的人不断寻找有利于自身成长和发展的机会。他们把自己置于富于挑战性的环境中，这样的环境虽然不能保证他们100%的成功，但要求他们必须迅速获得新的能力并且不断发展自我。

那他们有什么样的特点呢？具有很强自我发展能力的人乐于听取他人对其长处、弱点、技能和能力等等方面的反馈意见。他们不急于维护自己，而是积极寻找并感谢帮助他们提高的任何反馈意见。他们习惯于问自己：我怎样做才能做得更好？我能采用什么样的不同方法？他们寻找机会应用自己的技能和知识。最后，具有自我发展能力的领导者能够创造出一种环境，鼓励和认同那些乐于发展自己、能从错误中不断学习和成长的员工。

这群人同样有着自我发展能力的行为模式，在管理过程中同样需要我们明白：人们所做的事情使他们的工作更富有成效。毕竟你不可能改进或完善你并不了解的事情。你问自己的问题越多，就能更清楚地了解自己。当你决定去做什么，你希望采取快或慢的方式去执行，是对了，还是错了，这一切都是基于人们思考的结果。归根到底，推动当代商业经营的动力是思考。思考是价值之所在！思考，才是最根本的工作本质。所以，如果思考的工作是全新的，我们就一定要明确前进的方向。如果你整装待发，心里却没有一个明确的目的地，那么一定要放慢脚步，多问自己几个问题。

实现每一个团队成员的价值

我们已经知道，在一个团队中，要想增强团队凝聚力，就必须让团队中的每一个成员都能够实现其自身价值。对于企业来说，企业生存的关键是——激活人才。从这个方面来讲，国家的核心是企业，企业的核心是人，人的核心是企业家和知识创新者。持续激活企业家和知识创新者这两个企业价值创造的主导要素，是21世纪中国企业生存和发展的关键。那么，如何才能激发人的活力呢？此时我们就要认识到在企业团队中，并不是每个成员都是追求上进的，要让每个成员都按照同一标准发展，这是不可能的。在这样的共识下，我们就要认识到重组企业人力资源的重要性。尤其是中国企业，如何吸引保留和激励那些最优秀的和忠实的人才，始终是企业取得成功的动力源泉。这项工作就是企业人力资源重组工程，一般说来，那些较成功的企业领导者总是注意到以下几个方面：

● **全球人力资源的三点结论**

第一，认识到人人都是管理者，人人都是被管理者。每个人争当榜样，每个人都评估别人。认识到评价一个企业，不仅要比较企业员工的素质，更要较量哪家企业员工的人心最齐，在这样的情况下，我们就要在全球范围内吸引、培养、激励最好人才并保持其在人力资本上投资的企业，将能够更加充分利用经济机会带来的优势。

第二，现在的企业竞争是人的竞争，如果一个企业要想保持一个长远的优良业绩的话，企业必须积极增加对人力资源的投资。所以企业就应该建立完善的人力资源管理体系，建立公正公平的评估体系，减少评估中人为的因素，你就能认识到团队的发展取决于组成团队的成员是否有很好的素质和能力，而团队的目的性和性质决定团队需要什么样的人才。

第三，人力资源有七个"生产力杠杆"：招聘、报酬、业绩管理、培训、组织发展、全球人力资本和多样化。这七个方面会对员工的劳动生产率产生重大的影响。当发现其中一项产生不良情况时，应该及时采取措施，包括打破全体成员的利益纽带，或者进行适当的岗位、人员调配，事先预防问题的产生。

● 人力资源管理成功的五个特征

企业过去的十年中都在人力资源管理方面不断采取一些积极的改革措施，这些改革主要有以下五个方面：

制定一套核心的价值理念；

重新定义企业的经营哲学；

在主要的人力生产率方面进行投资；

根据业务发展的需要，重新调整人力资源组织；

制定和发展一套清晰和连续的全球模式。

● 核心价值观和执行能力

卓越的领导者，他们自身就具备一种伟大的东西，这种东西就是他们高超地把指导力贯穿于执行的全过程中。在这个过程中，他们知道一种信念或者是一套核心价值观和理想需要通过行动来体现，也就是只有通过团队的执行才能获得令人满意的结果，从而实现卓越领导者的真实意图。所谓核心价值是指构成企业政策和措施基础的一整套信念。它是以企业员工的直觉和文化为特征，并且能够促进劳动生产率和股权增值。

对于一个企业来说，核心价值到底有多重要呢？可以说这种核心价值理念对企业来说就是组织的核心力量；它通过创造一个文化环境，激发企业员工的聪明才智。它将企业环境、员工态度和企业发展目标融合在一起，它是由企业特征、经验和领导者的信念发展而来，是企业特有的、共同的文化。而在团队成员身上体现出的是，他们言行一致，他们表现自己价值观的方式始终如一，追求自己的目标不屈不挠。他们知道，作为一位领导者，正直意味着说到做到。夸夸其谈而不能以身作则的领导者不会赢得下属的尊重。他们知道，只有一个完美的组合，才能汇聚不同方向的力量，最终形成一个拥有团队执行力的组织。这个组织的领导不仅有着远大的职业梦想，而且他们从现在起，在关注下属执行力的同时，也不断地发挥出自己的指导力！他们知道，尽管天下企业千千万，但成败的决定性因素往往是执行力，因为只有执行力才是真正直接对结果产生作用的力量。领导的执行力将决定公司组织的执行力，个人的执行力则是个人成败的关键！只有靠执行力，成功的企业才能更加欣欣向荣，失败的企业才能重现光明；只有靠执行力，战略才能隆隆推进，崭新的未来才会向我们走来。

GE公司前执行总裁杰克·韦尔奇曾经提出过一个"运动团队"的概念，其中很重要的一点就是团队的每一个成员都干着与别的成员不同的事情，团队要区别对待每一个成员，通过精心设计和相应的培训使每一个成员的个性特长能够不断地得到发展并发挥出来。高效的团队是由一群有能力的成员所组成的，他们具备实现理想目标所必须的技术和能力，而且有相互之间能够良好合作的个性品质，从而出色地完成任务。

但遗憾的是，多数团队的管理者并不乐于鼓励其成员彰显个性；相反的，他们会要求属下削弱自我意识，尽量与团队达成一致，在个体适应团队的过程中所丧失的不仅仅是个体的独立性，同时也失去了创造力，许多天才和有创意的想法就这样被抹煞，而这恰恰是企业是否能够获得成功的关键所在！

如果仔细研究那些成功的创业团队，我们会发现这些团队的个体无一例外都具有非常鲜明的人格个性，他们各自发挥自己的才华，相互结合，从而有力地推动着创业进程。

我们的团队与他们大同小异，每个成员都有自己的个性，所以当我们凭自己的个性在团队中找到一个适合自己的领域时，我们就将真正成为"不可思议的终结者"

总结：

团队，是一个人生存的必要环境。每个人在社会上生存，都离不开各式各样的团队，小到一个家庭、大到一个单位，团队构成我们生活不可缺少的一部分。

我们每个人与团队总是紧密联系在一起的，缺乏团队精神的支持，个人的发展不可能成功，个人的目标也难以实现；没有个人的首创精神，团队精神也会失去其发展动力。

每一个生活在社会舞台中的人，都必须扮演着团队中的某个角色。大河有水小河满，大河无水小河干，脱离了团队，即使得到了个人的成功，往往也是变味和苦涩的。

第二章
组织团队

　　团队有很多种：比如高层管理团队、公关团队、自我管理团队、同期工程建设团队、产品与服务的开发或推广团队以及质量改进团队等等。但无论是哪一个团队，都离不开共同价值观及围绕在它周围的要素。

建立团队

我们已经注意到，领导、团队和个人，他们在一个企业组织里相互影响着，他们中的有些人好像有一种强大的磁力，能把很多人吸引到他的周围。过去我们常说这就是人格魅力，这就是领袖气质。其实准确地说，这就是非职务影响力。

作为一个领导人，非职务影响力的大小对于他领导地位的作用和保障是至关重要的。我们甚至可以把非职务影响力看作是职务影响力的基础。在很多情况下，这是一点都不过分的。最简单的例子就是，假如有一位领导者，他很自私、行为不端、心胸狭窄，那我们就很难想象这个企业的员工会心悦诚服地服从他的管理。尽管他是企业领导者，我们也无法相信他的管理是行之有效的。换句话说就是：卓越的领导者在他们的才干、热情和团队需求之间找到了平衡，这给了他们成为最好、做得最好的机会。

那么，形成团队的基础是什么呢？事实上，在公司中，信任是维系一个团队的根本条件。如果管理者忘记了这一点，必然会自食其果。未来的管理者要能充分认识到，人的一生中有太多时候必须把自己的命运交付在别人手中。真正了解团结的真谛远远胜过任何分组作业或活动的效果。除此之外，共同的价值观和共同的目标，尤其是荣誉守则是团队合作的基础。一个企业组织为了尽力加强员工的团队精神，要让他们了解共享一切的重要性。对员工而言没有个人的行为动机，只有团队的目标。因为我们知道，一个团队的基础是由围绕共同价值观的许多要素构成的，这些要素包括清楚的工作方法、明确的目的等，如下图所示：

从上图可以看出，在团队基础中，无论是简洁明了的工作方法、共同追求的目的、引导组织变革的能力、共同的责任、少量的成员、人际交往能力或是团队成员的技能，都是围绕着共同价值观展开的。这说明，价值观与行动纲领的清晰表述是非常重要的，但如果不能在实践中得到坚决贯彻，那也没有多大用处，此时就可以看到团队的重要性了。

我们知道，在一个企业里，团队合作非常普遍。团队有很多种：比如高层管理团队、攻关团队、自我管理团队、同期工程建设团队、产品与服务的开发或推广团队以及质量改进团队等等。但无论是哪一个团队，都离不开共同价值观及围绕在它周围的要素。

如果我们在一个团队中不能很好地合作，那又会有怎样的结果呢？如果出现这种情况，我还是建议你让团队成员与你一起工作。而且你还要做到：

经常与成员沟通并表扬他们；

与成员探讨工作；

鼓励他们参与工作目标的设定；

就团队精神与机会提供建议。

其实这就是如何领导一个高效能团队的问题。毕竟在企业成长中，起决定作用的还是领导者与团队成员相互作用的关系。因为领导者如何使团队对企业付出，最终关系到的还是一个企业组织的成长。对于企业而言，要更好地更合理地利用团队，首先应该精确地区分团队与其他群体的不同。那么，我们怎样来区分团队与其他群体的不同呢？只要你看了下面的两点就明白了。

1. 群体

群体规范与人们从事的任务没有关系，群体中的成员不一定要参与到需要共同努力的集体工作中，不存在积极的协同作用。

群体的绩效，仅仅是每个群体成员个人贡献的总和，不能够使群体的总体绩效大于个人绩效之和。

2. 团队

团队规范以任务为导向。

通过其成员的共同努力产生积极协同作用。

其团队成员努力的结果使团队的绩效水平远大于个人的总和。

团队具有不同的类型：即问题解决型团队、自我管理型团队、多功能型团队、建议/参与型团队、生产/服务型团队、计划/发展型团队、行动/磋商型团队。

大多数企业高层都提倡团队工作，而且也应该如此。团队工作代表了一系列鼓励倾听、积极回应他人观点、对他人提供支持并尊重他人兴趣和成就的价值观念。这些价值观念能帮助团队发挥功效，同时可以提高个人以及组织整体的业务表现。团队并不是指任何在一起工作的集团，如委员会、理事会以及行动小组，其区别在于工作成果。因此，可以这样定义团队：团队是一些才能互补并为负有共同责任的统一目标和标准而奉献的少数人员的集合。

这其实也可以理解成是团队的核心。如果用一句话来概括就是：团队的核心是共同奉献。没有这一点，团队只是松散的个人集合。这种共同奉献需要有一个使成员能够为之信服的目标。如果一个团队不能确定明确的工作目标，或是具体工作目标与整体目标毫无联系，那么团队成员会因此变得困惑、涣散、平庸。其原因有以下三点：一是团队目标的确立需要一个过程，不是一朝一夕就能完成的。团队目标要与团队长期发展战略结合起来，团队目标既要对所有团队成员有足够的吸引力，又要有可操作性和可实现性。如果团队目标很容易实现，对团队成员就没有足够的吸引力；如果团队目标定得太高，实施起来又困难，或者根本就无法实施，就会影响团队成员的积极性，团队目标也就失去了意义；二是具体的团队业绩目标能够增进团队内部明晰的沟通；三是具体可行的目标能帮助团队集中精力于如何获得结果。故此，确立了具体的团队目标，团队就能很好地团结在一起，更好地实现共同目标。

建立管理团队

为了完成任务，使团队能够紧紧地团结在一起，无疑，领导者必须起到关键作用。领导职能主要关注的就是领导者必须做到建立一个高效的管理团队，而不像领导特质，主要围绕的是领导应该是什么样来进行。以下是我认为在建立管理团队时应该考虑的问题。

有效领导。有效领导是建立管理团队的核心。管理团队是紧密联系的整体，而不是简单的个人集合。管理团队根据自己的地位决定权力进行自我管理。

跨职能团队。为了迎接今天的各种挑战，你得具备多种风格、技能以及远见卓识。

通过跨职能团队管理系统创新。在系统创新的新时代，对公司来说，多方面的出色表现比单方面表现更为重要。那些完全实现技术创新价值的公司能够将技术发展与公司的其他职能结合起来，例如：生产、分销、人力资源、营销以及客户关系，因此正式或是非正式的跨职能团队都需要建立起来。这些团队还能从现有的产品单元中找到新机会。

管理文化差异。不管是个人还是群体，一般来说，文化是跟信仰以及价值观相联系的，后者是人们理解经验和行为的基础。从广义和简单的角度理解，文化跟团队或者社区相关。同一个团队或社区的人们都有共同的经验，而共同的经验导致影响了他们理解世界的方式有相同的基础。

建立优秀的团队。优秀的团队不会让无业绩的C类队员长期存在，比如在NBA，20%的队员每年都会更换。在GE，杰克·韦尔奇要求每年都裁掉员工中最差的10%。能提高团队绩效的最好办法就是从底部裁员，从而提高整个团队的整体效益。

我们知道，技能是建设团队的基石。在没有提供所需的技能之前，你不可能向下属提出高要求。事实上，当我们谈论到团队的技能时，我们通常都会认为团队的技能一般可分为三类：第一类是技术和专业知识互相融合；第二类是团队必须能够发现潜在的问题和机遇，斟酌各种选择方案，并且能够在权衡利弊之后决定前进的方式；第三类是人际关系技巧，如果缺乏有效的交流沟通和建设性的碰撞，那么共同目标和相互理解便是一句空话。虽然听起来容易，但这却常常是团队容易失败的地方。

这就是说，高效的团队必须为了实现共同的目标而分工合作。但这种合作除非能够作为一个集体承担责任，否则任何集团都不能算作真正的团队。如同集体目标和工作方式一样，集体责任是对成员集体的考验。比如，考虑一下"老板让我负责"与"我们自己负责"之间的差别就可以发现，前者可以过渡到后者，但是没有后者则没有团队。

当人们为了共同的目标在一起工作时，信任和承诺会随之而来。因此，拥有强烈集体使命感的团队作为集体，必将为团队的业绩表现共同承担责任，而这种集体责任感同样也会产生丰厚的集体成果作为回报。

从另一方面看，单纯为了改进工作、交流、组织效率或者成功而组建的团队很难成为高效率的团队。只有在设定了适当的目标之后，团队成员才会考虑关于目标以及实现目标的方式，他们才会用一种可以接受的态度与同事一起共同承担责任。

所以说：作为领导者，不但要进行自我修炼，更重要的是带领团队一起修炼。这是团队领导力提高的必然步骤，也是迈向成功的必经之路。我们发现优秀团队是这样的：

在团队中有很多优胜者，大多数人心态平和、充满自信，他们虽然可能是明星级人物，但他们允许别人发光，以求组成一个明星团队；

通常，拥有出色的团体和团队合作精神，相互配合便似有神助，然而事实上他们只是学着和别人合作，使得整个团队成为一个优秀的团队；

他们有成功的习惯，而且通常怀着必胜的信念参加更多的竞技游戏；

他们利用了成功带来的协同效应，这一效应不是以一般级数增长，而是以几何数量级增长；

发展脑力和智力来度过逆境；

创造一个成功的氛围，使身边的人都以赢家的身份出现；

营造获胜的氛围，使新人也能感受到团队的魔力。

美国管理大师斯蒂芬·罗宾斯将团队分为三种类型：一是问题解决型团队；二是自我管理型团队；三是跨功能型团队。下面我们就来看一看他们的具体特征及其发展过程。

问题解决型团队。在15年前，团队刚刚盛行，大多数团队的形式很相似，这些团队一般由同一个部门的5～12个钟点工人组成，他们每周用几个小时的时间来碰碰头，讨论如何提高产品质量、生产效率和改善工作环境。在这种团队里，成员就如何改进工作程序和工作方法相互交换看法或提供建议。但是，这些团队几乎没有权力可以根据这些建议单方面采取行动。

自我管理型团队。通常由10~16人组成，他们承担着以前自己的上司所承担的一些责任。一般来说，他们的责任范围包括控制工作节奏、决定工作任务的分配、安排工作休息等。彻底的自我管理型团队甚至可以挑选自己的成员，并让成员相互进行绩效评估。这样，主管人员的重要性就下降了，甚至可以被取消。通用汽车公司、百事可乐公司、惠普公司等是推行自我管理型工作团队的几个代表。

多功能型团队。由来自同一等级、不同工作领域的员工组成，他们来到一起的目的是完成一项任务。多功能型团队是一种有效的方式，它能使组织内（甚至组织之间）不同领域的员工之间交换信息，激发出新的观点，解决面临的问题，协调复杂的项目。当然，多功能的管理不是管理野餐会，在其形成的早期阶段往往要消耗大量的时间，因为团队成员需要学会处理复杂多样的工作任务。在成员之间，尤其是那些背景不同、经历和观点不同的成员之间，建立起信任并能真正地进行合作也需要一定的时间。

事实上，团队建设更加强调员工在团队中的价值，强调员工对管理工作的参与性，最大限度地满足个人发展的需求。

进行团队建设首先要理顺公司的作业流程，每一个或几个关键流程可以组建一个团队，同时要定义出团队中每一个岗位的职责和它收集信息及输出信息的渠道及标准。即便是两个人做同一项工作，也要定义出各自的工作职责。

其次，需要建立团队间信息沟通的方法和标准，并且制定出团队协调人的工作职责。在团队中，公司的高层领导属于决策团队中的成员。另外，需要建立一个调度团队，它负责各团队间的协调和资料收集整理，并对信息进行过滤后，向决策层提出参考建议。决策层提出的决策直接向各团队发出（而不通过调度团队发出）。

再次，要在公司内部宣传团队建设的重要性及未来团队管理的工作方式，让员工对团队建设产生浓厚的兴趣。同时要做好部门经理的工作，因为团队建设的最大冲击是部门经理，可以将部门经理的岗位津贴划到他的固定工资中，在不影响他们待遇的情况下，取消他们的部门经理职务。

最好的组建团队的方式，一般是公司任命和员工民主组建相结合的方式。在团队的构成上，要注意成员能力和性格的互补性，并将每个人放在最合适的岗位上。

"小公司做事，大公司做人。"现在很多公司强调员工是否具有一系列的"软"素质，包括团队精神、知识分享和爱心等等，缺乏这些你就很难融进这个集体中。

我们要看到，企业在管理过程中，企业的宗旨、理念、方针、政策、制度、团队的构建等这些基因性、方向性、原则性的东西都需要领导者亲自设定，而且事无巨细，领导者都要亲自过问甚至亲自动手。在这种情况下，他们必须做到：

领导的作用。首先，领导者应将有价值的并且可接受的价值观传达给团队，使团队成员接受内部的规范和规则，并在价值观引导下培养起团队凝聚力。其次，亲和平等地与团队成员进行交谈，激发员工的积极性和创造性。同时，领导者需要不断学习以提高自身的素质和能力，为团队的发展指明正确的方向。

培育团队凝聚力。首先应在企业内部建立和宣传相互协作的企业文化，保持企业纵向、横向交流渠道的畅通，以使信息和知识在企业内部广泛交流和传播。其次，企业领导应重视团队的构建，引导团队的健康发展，创造一个有利于团队发展的环境和氛围。再次，通过召开成员见面会、项目进展评审会等会议使大家经常见面交流。当团队成员感受到集体的存在时，凝聚力自然也就培养起来了。

有控制的授权。团队之所以能有效运作，在很大程度上归功于团队内部成员享有充分自主的决策权上，包括能够制定生产目标、自主雇佣员工、评估绩效等。但是充分的授权并不等于不需要领导和管理，授权应分阶段、有计划、有控制地进行，尽量避免混乱。企业领导应以灵活方式逐步放权，并不断对团队的绩效进行评估。

有效的激励。一般而言，正面激励的效用远远大于负面激励，因而企业应为团队的顺利运行制定一个完善的奖励体系。同时，相对绩效评价制度也是一种有效的激励措施。它能够在一定程度上控制和反映出成员的相应努力水平。抛开团队成员间进行相对绩效评价外，团队之间也可进行绩效评价。

适当运用集体决策。集体决策既能够满足员工的参与要求，又能够集结众人的智慧，使决策更加优化，因而在很多情况下，它具有个人决策无法比拟的优势，尤其在跨功能团队中，几乎每一名成员都来自于不同的职能部门，专业和技能互为补充，一项任务的完成在知识和信息如此分散的情况下，集体决策变得尤其重要，但同时也应注意集体决策'议而不决'的致命弊病。

团队的生命力

我们知道，每个团队成员都必须是个团队合作者，团队依赖于每个成员，而每个成员都要履行自己的责任。因此，团队成员必须知道团队要努力达到的目标，并掌握那些除了专业技术以外的基本团队合作技能。只要掌握了这些技能，团队将成为主要的工作单位。但这并不意味着团队将取代个人努力或是正规的企业层级结构和体制。相反，团队将加强现有的企业结构。在层级结构限制了发挥最佳功效的地方，团队也可为企业提供机遇。因此，新产品的革新需要保留企业结构功能，并通过团队方式弃其糟粕，取其精华。同样，通过自我管理的团队能在保留层级结构的管理和指导的同时，灵活自如地实现一线生产能力的提高。

由此可以看出，掌握这些合作技能，对团队的表现和成效有巨大的作用和意义。

团队中的每个人都知道如何进行他们的本职工作，但他们需要通过指导和练习来培养他们团队合作的技能。

此时团队领导者不仅要具体地勾画出远景，而且要把重心放在其远景能够为组织及其成员带来的好处上。简言之，要多进行正面宣传，反馈积极的信息，也就是：

设定团队远景目标。所谓团队远景目标，即团队全体成员共同追求的长远目标。它凝聚着团队全体成员的梦想和希望。设定一个组织或一个团队的目标，听起来似乎很简单，但实际操作起来就不那么容易了。一个组织或团队的目标需要得到大多数成员的认同，而不是简简单单地由任何领导个人设定就可以了。换句话说，在设立组织或团队目标的过程中，必须让每一个个体成员都参与进来，这有利于目标的顺利实现。

计划。计划使你行动有步骤，按步骤完成计划便是为成功而积累，按时全面完成计划，才会获得成功。如果可能的话，领导应该制订一套能够让每个团队成员都认同的计划，以便更好地实现组织或团队的目标。作为领导者，你应该很清楚，你将怎样实现从你现在的位置，成功地到达你想要到达的地方，也应该很清楚你是否取得了令人满意的进步。

沟通。沟通并非专指领导者与追随者的沟通，也包括鼓励追随者之间的相互沟通，分享他人的个人远景。这一步是要清楚地解释组织或团队的目标以及制订的计划。作为一个领导者，你应该能够清楚地回答这样一个问题：我为什么用这种方式完成任务，而不是采用其他的方式。

组织。指示、委任、指导、支持、监督和监控等，这些都是指为了公司正常运转，团队的力量应该是使事物运转起来，发挥组织的作用，使团队的凝聚力充分发挥出来，团队的这种力量是一种实实在在的存在，而不能像从蒸汽机中出来的蒸气，仅仅形成气雾飘向空中，紧接着就无影无踪了。

控制和评估。如果作为一个领导者，你没有做到很好的回顾和评估成果，你就无法向团队或个体成员做出准确的有帮助的反馈。评估的目的是为了让下一次做得更好，这暗示出了考核尺度、业绩指标和团队目标的作用。曾经有人说过这样一句名言："如果你不能很好的评估，那你就不能很好的管理。"

这就是说，你能不能将自己的远景直接作为团队的共同远景，还得看追随者们的态度。如果你的个人远景是团队大多数人能接受的，那你就去听听少数人的意见，看看自己描绘的远景是否把某些合理的东西排除在外了，然后修正它；如果你的远景为大多数人所不能接受，那毫无疑问是不合理的，你得去听听大多数人的意见，然后修正它，直到能为大多数人所接受。

在我国，企业组建团队有优先条件，个人、团队与组织的共同目标、协作精神以及全员参与等，都可以从中国传统管理中蕴涵着的朴素的人本哲学中得到佐证。但为什么就是做不好呢？做不好的原因很复杂，因为他们可能违背了关于团队精神17条不容置疑的法则中的一条或几条。这17条法则是：

1 重要性法则：个人的力量太弱；

2 蓝图法则：目标比角色更重要；

3 环境法则：所有人都有最适合他们发挥才能的地方；

4 大挑战法则：挑战越大，团队合作越重要；

5 链条法则：团队的力量受最薄弱环节的影响；

6 催化剂法则：成功的团队都有起关键作用的人物；

7 远景法则：远景给团队指引和信心；

8 坏苹果法则：不好的态度会毁了一个团队；

9 依靠性法则：关键的时候队友们应该互相依靠；

10 价格标签法则：若团队不能付出，就发挥不了潜力；

11 记分板法则：团队知道自己所处的位置就能做出相应的调整；

12 长椅法则：成功的团队要有人员的更替和轮换；

13 同一性法则：团队由共同的价值观决定；

1414交流法则：交流有助于工作；

15 锋刃法则：同样团队的不同之处是领导能力；

16 高士气法则：成功的时候，没有什么大不了的；

17 利息法则：加强对团队的投资，可以得到回报。

有时个人确实能扭转乾坤，但一个企业要想谋求发展，还是团队重要。在成功的企业家群体中，即使是像通用电气公司的杰克·韦尔奇、海尔的张瑞敏、三九集团董事长赵新先等这样的领导也很重视团队领导的力量。正如韦尔奇自己所说："我们已经培养了极富才干的团队来管理主要的企业。而且，可能更重要的是，我们的组织中处处洋溢着健康的同事合作感、相互信任感和对业绩的尊重感。"

实际上，韦尔奇之所以名扬天下，不仅是因为在他20年的任职期间将通用电气公司的利润提高了近7倍，也因为他建立了世界上最完备的管理人才库之一，这个人才库为通用电气公司以外的许多《财富》500强公司提供了新的领导者。张瑞敏之所以成为第一个在世界上赢得尊敬的中国企业家，是因为他的企业管理理想是在2008年把每一名员工都变成一个合格的"小老板"——让这些"小老板"们亲身感受市场的压力。

组建多功能团队

多功能型团队是由来自同一种等级不同领域的员工组成，成员之间交换信息，激发新的观点，解决所面临的一些问题。

60年代爱必尔诺威开发了卓有成效的360类反馈系统，该系统采用的是一种大型的任务攻坚团队，成员来自公司各个部门。由于团队成员知识、经验、背景和观点不太相同，加上处理复杂多样的工作任务，因此实行这种团队形式，建立有效的合作需要相当长的时间，而且要求团队成员具有很高的合作意识和个人素质。

麦当劳有一个危机管理队伍，责任就是应对重大的危机，由来自于麦当劳营运部、训练部、采购部、政府关系部等部门的一些资深人员组成，他们平时在共同接受关于危机管理的训练，甚至模拟当危机到来时怎样快速应对，比如广告牌被风吹倒，砸伤了行人，这时该怎么处理？一些人员考虑是否把被砸伤的人送到医院，如何回答新闻媒体的采访，当家属询问或提出质疑时如何对待，另外一些人要考虑的是如何对这个受伤者负责，保险谁来出，怎样确定保险？所有这些都要求团队成员能够在复杂问题面前做出快速行动，并且进行一些专业化的处理。

虽然这种危机管理的团队究竟在一年当中有多少时候能用得上还是个问题，但对于跨国公司来说是养兵千日，用兵一时，因为一旦问题发生就不是一个小问题。在面临危机的时候，如果做出快速而且专业的反应，危机会变成生机，问题会得到解决，而且还会给顾客及周围的人留下很专业的印象。

此时，我们已经知道，很多管理者不能激发员工达到更高水平的个人生产力，是因为他们陷入了无效地交流之中，许多管理团队在交流的重要性方面光说不动，形成了一种妨碍真诚沟通与合作的方式。他们倾向于注重效率和控制导向，而不是目标管理。他们在节约成本上比在人员激励上想得更多。所以，在他们领导的团队里，经常出现糟糕的对话、导致机制不良的行为。

而好的管理者和领导者却可以帮助员工充分发挥他们的潜能。因此，这些团队成员就变成了追随者——被领导者所激励——团队的成就来自于每一个更大的生产力。尽管许多高层团队领导认识到了组织更新公司中下属仿效等不好行为的危害性，但却很少能采取重新激发他们努力和责任的措施。比如我们在后面要提到的个人的不满足、封闭隔绝、个人技能不足就使团队成员难以反躬自省，对自己的业绩进行诚实的评估。大多数高级经理都是从职级阶梯一级一级爬上来的，习惯于保卫自己部门的势力范围。对这样的人来说，要实现向更宽广的、有着实际影响的战略问题的飞跃是困难的。经理们还常常无法调整其领导方式以与高层位置的要求相适应，高层管理交流互动一般时间较短，次数较多，更缺少准备时间，当面对的听众范围更大、更多样化时，他们往往表现出：

个人的不满足。许多团队成员尽管拥有成功的职业生涯和令人羡慕的位置，但仍会为工作沮丧或觉得工作不能带来足够的挑战。四分之一的团队成员都认为他们的工作不能令他们全力以赴。无论作为整体还是作为个人，团队成员都忽视了能将他们推向舒服自在状态的新见解、新信息和新经验。我们所观察到的陷入破坏性政治的团队通常不鼓励其成员承担新责任或冒风险。结果，经理最终会变得厌倦工作，他们的业绩也会下滑。也正因为如此，领导者们才会经常抱怨，原本坚实可靠的团队不能互相激励或适应不断变化的需要。

封闭隔绝。高层团队对来自公司或产业以外的信息很少给予足够的关注——而这些信息如果能及时消化，可能会影响关键性的战略或组织决策。此外，高层团队很少花时间去思考他们所获得的信息，评估这些信息可能带来的影响。由于缺乏获取和研究来自外部的信息的机制性安排，导致大多数团队没有时间来真正确定战略重点。

个人技能不足。大多数公司很少在如何引起变化方面给其高层团队成员指导或培训。与经常接受范围广泛的训练和培训的中层经理不同，高级经理通常是在没有退路的状态下工作，而且往往没有第二次机会。在我们所调查的高级经理中，有80％的人认为自己有足够的技能来做好工作，但只有30％的人认为所有的同事都具备这样的能力。

针对上述产生的现象，一个企业在进行了改革，并经过一段时间的研究，在促进有效的行动、思考和团结方面也采取了一些有用的对策后，企业的管理者应明白多功能团队执行的任务主要有以下两点：

第一点：进行持续且遍布整个组织的变化

确立机构的长处；

驱动系统化的创新程序；

驱动持续的改进程序。

第二点：执行特别费时的任务

管理复杂的项目；

就复杂的交易进行谈判。

许多改善团队业绩的行为训练不成功，因为它们没有针对高层团队的需要。比如，项目化的训练显得虚假。我们对高层团队的研究表明：如果高层团队不能有效合作，那么创建新的组织结构对改善公司业绩也不会有多大作用。一个机制不良的团队是不能创造出好的效益的。所以这里就产生了一个问题：为什么需要多功能团队？回答是，为了应对当前复杂的挑战，这时就需要你吸纳各种各样的风格、技能和观点。尤其要掌握以下要点：

引导公司变化的多功能团队。当企图改变一个组织的战略或者程序时，领导总是遵循牛顿法则：物体保持其惯性。为了实现变化，你应当组建这样的一个多功能团队：它由志同道合的同事组成，能够共同克服文化方面的障碍，并创造变化。

引导创新的多功能团队。在系统化革新的新时代，对于一个组织而言更重要的是交叉功能方面的长处而不是单功能方面的长处，比如制造、分配、人力资源、营销和客户关系。为了引导这些专业技能的发展，就需要组建正式或非正式的多功能团队。这些团队也能够在现有业务部门之间的空白地带发现新的业务。

换句话说，作为团队的领导，想要建立多个功能都优秀的团队你必须把你的重心从自我完善转移到组织的优势上去，你必须要求你的团队成员为了团队的协调运作而放弃个人最好的东西。

领导者感到，团队把注意力都放在琐事上，就错过了扩展企业的重要机会。而且，他也奇怪为什么只有半数团队成员参与讨论，其他人是否就没有看法或是怕说出自己的观点。尤其是在对部门领导的反馈进行评估后，高层团队认识到自己需要迅速改变方法，于是开始了改善的进程。作为下一个步骤，团队成员列出了一些优先事项，并发现了一系列相互冲突的观点。团队努力对这些任务进行分类，以确定一个共同的战略。同时，安排一位协调员对团队的工作进行观察，并在事后与团队成员详细讨论。于是，他们之间糟糕的交流状况成为了一系列需要考虑的问题中的一个。团队决定每月开一次会，集中讨论主要的战略问题，而协调员则对其在交流方面的进展进行跟踪。这些会议处理了一系列问题——人才、战略、业绩、增长——拓展了团队的思维，为该公司创造了新的机会，团队业绩也有了明显提高。

他们团队业绩有了明显改善，表现为：

共同方向。

更有效的交流。

积极的更新过程。

当然，一个团队在取得这三方面的成果之后，还需要牢记的是，将新成员引入到团队文化中来，而不是认为新成员会自己了解一切情况。举例来说，一位充满热情的新团队成员可能并不知道在团队中汇报和整理数据资料的规定，他可能要花很长时间才能知道这个也是团队运作的一个重要方面。同时，如果新成员试图用主观臆断和推测去引导他人，那么团队就可能会陷入不可预见的冲突和延误中，那时就很难想象再回到以前将是什么情况。这不仅指旧的结构，还指旧的工作方式。因为每个团队都是独一无二并有自己的运行方式的。新成员需要了解我们的工作方法已经跟以前完全不同。现在几乎每个人都参与，气氛很轻松，同时又更具有挑战性。如果团队成员明白不寻常的想法和独特的解决方案会被接受，那么他们就会用创意十足的答案来对问题做出反应。

其实事情并不轻松，我们还做了许多的工作，比如：

共同处理许多建议；

引导团队的不满足感；

使外界干扰最小化；

鼓励咨询和反思。

由此可以看出，当某些决策的执行要求整个团队的全力支持时，那么这类决策就要求你的团队一定要达成共识，这样，每个成员就会热情十足地支持和执行这个决定。从表面上看，这个决定好像与正在进行业绩改善的高层团队和其他正在工作的高层团队没有什么区别。和往常一样，领导者和高级经理们处理许许多多各种各样的业务，但他们仍集中关注主要战略问题，并像同事那样一起工作而不是将任务交给助理、顾问或某个团队成员。整个团队每个月至少要有一天呆在一起，没有助理，踏踏实实一起工作。由两到三个成员组成的小组每个星期都应为团队正在处理的每一个问题在一起工作几次，可能还应当花些时间与一位协调者一起工作。团队很难在与其实际工作环境完全无关的情况下改善其业绩。因此，短期训练项目，不管安排多么诱人或是成员的交流多么诚恳或发自内心，都不太可能改变其工作方式。自我发现和反省必须与现实世界中的决策和行动相结合。这些因素长期不断地相互作用才能带来持久的变化。

事实正好相反，毕竟团队本身是一个实用的联合体，会伴随着取得的成就而成长。不断提高地位的方向感、成员之间的交流和自我更新会形成一种以行动为基础的循环体系，从而组成大多数高层团队的工作方式。这一方法可以促使他们正视并积极解决自己的业绩问题，比如他们解决管理上的问题。通过切实解决重要的问题，并运用商业经济的思维来反思该项工作，高层团队才能大大提高其业绩，取得明显的进步。

　　除此之外，还应该以委婉的方式应对业绩问题，使高层团队能在事后处理其他行为问题时不致引起个人冲突。团队成员发现另一种想法有时也可以产生作用，作为公司的管理者或领导者，我们一定拥有公司成功所需的全部想法，团队可以既支持又挑战。这一互相矛盾的组合——通过在关键问题上的直接工作来间接评估团队的行为——使高层团队能处理好他们的业绩问题。

　　所以说，团队还必须定期、如实地评估自己的业绩。每一个高层团队每年都应该安排一段工作时间专门处理技术、人口的变化、政治和环境压力以及管理理论新成果等议题。虽然这些议题不会对第一季度的工作产生多大影响，却可能在5年内从根本上改变企业和团队本身。团队还应该定期探讨公司意外出现的成功或失败案例。他们应当实际地深入了解和调查，离开他们自己所在的地域和产业，了解那些面对类似挑战的公司。

　　那么，在做这项工作时应该注意些什么呢？我认为在做这项工作时，团队应注意领导层的前后一致、交流的质量和更新的机会。他们还必须在工作过程中留出充裕的时间来反思问题的深层原因，考虑作为一个团队，他们能带来最多价值的地方，以及他们过去所做决策的质量如何。发现团队成员合作最佳方式的过程将能确保汲取基本管理上的教训。同时要不断地反省，只有建设高效的高层团队才能收到明显的回报：他们能制定更好的战略，在经营管理上更具一致性，并能提高利益相关者的信心。他们能得到正面的结果，并且对团队的成员和他们所领导的人来说，工作本身将成为一种更具积极意义的经历。

　　很显然，一个团队如果经历了个人成就的增长使得整体效益的提高的过程，这个工作团队通常会变得更加有力。

团队创造企业价值

团队的一个重大优势就是它所体现的合作力量。当大家一起面对问题时，对问题会有不同的观点和解释，再加上每个人掌握的情况不同和对事情的了解不同，所以会创造出更好的解决方案。从我过去的经验来看，对于变通机敏、善于把握机会的中国人来说，我们并不缺乏团队合作精神，甚至还有些过剩。我们缺乏的是合作方法。为什么制度化的管理难以在中国企业中确立？我们必须清楚制度约束的是什么。制度化的管理要求企业家作为一种方法存在，而不是作为一个个性化的精神张扬。这对于许多团队而言，是难以接受的，毕竟合作的关键是要敞开心扉去迎接其他成员。团队有责任营造一种环境，让成员的想法——他们的知识、理解、见解都受到欢迎。所以说，在合作进展顺利的情况下，对任何团队而言，团队成员倾听每个人的观点，根据团队共同的观点创建解决方案，并不断修正、摒弃，再产生新的观点都是必需的。

所以，我们需要通过合作为团队创造出价值，而这个过程主要由以下几种方式来体现：

第一种：降低专业化程度，或者多功能化。超越微观方面的问题，通过平衡具有竞争性的价值，整合其团队成员的专业技能和经验来实现强有力的协同效应。

第二种：外部化。考虑你所在行业上下游之外正在起作用的力量，并且找出与各种外部力量合作的过程中实现组织目标的方案。

第三种：领导。善于接受新观点、洞悉力和启示：与员工、顾问、咨询师、供应商、客户和竞争对手进行持续而积极的对话，以便发现实现公司目标的优选方案，而且在追求并实现目标方面也变得更老练。

第四种：分权与授权。一个领导者过度的权力释放和过度的权力集中都是不好的。一位领导者必须通过适当的方法授予权力。他还应该使团队成员在充分运用授予他的职权时，更好地发挥潜能。

分权的主要原理是告诉人们需要做什么，但必须让他们以自己的方式完成。领导应当集中精力于自己最擅长的领域，只做其他人无法完成的事情，其他的任务则应当分派出去。

授权是使得管理变得可行的一种程序，因为管理是通过他人来实现目标的过程。经理应当向团队成员提供圆满地完成其工作所需要的信息，频繁地与他们进行沟通，并且就预期的结果提供一目了然的指南。而且，经理也必须分清楚与他们一起工作的人员的责任关系。

第五种：培训是赋予经理的新任务。培训的目标在于提高员工的业绩和学习能力。团队培训不仅对团队成员有着非常重要的作用，而且对团队也有很重要的作用。比如说，团队对其成员的培训与开发可以提高团队的应变能力。事实上，团队成功地实施某项变革措施，不管是技术上的还是经营战略上的，都必须依赖于团队成员的技能。团队只有在团队成员的培训与开发上永远保持持久的竞争优势，才能够在竞争中占有优势，才能生存和发展；另外，团队对其成员的培训与开发可以提高团队运作的质量和能力，并不断提高团队的工作效率。接受岗位培训与开发的团队成员，不仅能够更好更快地掌握新技术和新方法，正确理解新技术指标的含义，提高整个团队的工作水平和质量，减少浪费，提高劳动效率，更重要的是能够使团队成员理解团队的经营战略目标和方针，对团队所进行的正面的监督、指挥和协调也能正确地理解和认识，从而使整个团队在认识上形成统一，有利于团队提高工作效率。

第六种：让你的观点与他人的观点交互作用。在由系统革新驱动的新经济环境下，新观点的火花产生于诸多个人、组织和环境因素之间复杂的相互作用。与外部的董事会、咨询师、律师、会计师、银行家和同行一起分享观点和资料，这有助于确立你的多功能优势，开阔你在复杂环境下的视野，并且能够发现实现目标的方案。

在这六种方式中，如果团队之间能够很好地进行合作，这确实很棒，但是还不够。因为在革新过程中，革新模式是点点滴滴发生的，较小的决策嵌在较大的决策中，单个的决策在更大范围的决策中发生。这就是说，在革新过程的任何节点，团队领导都需要使用弹性方法，既要重视能够产生具有创新性方案的思想，也要重视可行方案的培养。在这种情况下，你就要做出考虑，如果你的员工有三分之一表现卓越，公司将会变成什么样？如果可以引导三分之一的员工效仿那些最优秀的员工行为，团队的绩效会不会大幅提升？若你领导的团队有疑问，你的领导能力就值得考虑了，比如自己是否能与团队成员建立一种相互信任的关系？此时，不妨想一想，如果领导者对团队有任何疑惑，是否要与团队成员进行沟通。倘若忽视了团队作用，领导能力就会受到威胁。

我们希望看到的是，团队成员对能够贡献自己不成熟的想法而感到兴奋和自豪，也许这些想法可能毫无用处，但也能让我们看到随着竞争力的加剧、世界变化的加快，知识的落差越来越大，失败越来越不可避免。企业领导者在市场竞争日趋激烈的条件下，在买方市场条件中，就要不断地捕捉商机、占领和拓展市场，为企业赚取利润，为社会创造财富，才能成为企业的主宰，才能成为一个真正成功的企业家。

在很大程度上，一个企业的成长取决于企业领导者的素质。企业作为一个群体，关键还要看团队成员的创造性。毕竟创造性的想法不会自发地产生，而是源于有意识、潜意识和无意识的分类、重组、匹配和糅合。意识层面个人之间的相互作用会刺激并增进这些活动。

这就使我们不得不思考，为什么在同一行业中，有的企业竞争力竟然如此大呢？其原因就是社会的相互作用对于持续负责开发新产品、服务和组织团队成员的创新性是特别重要的。

个人之间的相互作用对于革新过程而言是重要的。尽管个人创造性对于公司的重要性毋庸讳言，但团队的重要性同等重要。当今复杂的产品和服务系统的创建需要多种学科知识和各种各样个人观点的糅合。革新，无论是体现在新产品和新服务上，还是体现在新的组织形式中，很少会是个人的事情，而是一个团队的事，而团队成员之间的创造性合作又是至关重要的。在这种情况下，无论是一个企业领导者还是管理者，都要认识到在企业里他代表着团队成员素质的好坏。一位满腔热情的管理者若想在最不可能的工作场所建立员工的团队精神，他只需要让每位员工对同事都产生感激之情和责任感。这正如比尔·盖茨所说："你想了解这个团队，看一看他们开发的产品就可以知道一个企业的灵魂和思考靠的是一种和谐，我特别强调这个观念是因为团队成员素质的高低，决定了企业的好坏。团队思维和领导思维所带来的稳定性，在于企业领导者做事方面所发出的各种信号以及共同为企业营造的生态环境。"

然而，确保团队运作良好是相当具有挑战性的。团队的设计与发展必须与组织环境相互搭配，再善于运用团队的优点，则可发挥神奇的效力。

运作良好的团队不仅能提供最佳的解决方案，还能确保解决方案的落实执行。团队可以提供成员脑力激荡的竞技场，团队也提供组织学习的来源。不过，若要团队运作良好，让员工接受训练是绝对必要的，此时，就要对团队进行新的设计。

设计团队的流程：

1. 设计围绕着制作流程，包括开始、中间、结束，随着生产的方向流动。

2. 发展工作计划作为流程蓝图，拟妥整个流程的重点工作、程序、需要的能力。

3. 确定队员能处理不同类型的职务。

4. 创造协调队员、均衡工作负荷、达成目标共识的方法。

5. 提供队员信息和资源。

6. 团队的大小依任务而定。

自主权与评量方法：

1. 允许团队能够自我管理、自我规范、自我引导，设计自己的评量方法以评估进度和跨职能的追踪过程。

2. 评量方法的数目必须在15项以下。

3. 允许团队参与新队员的选择。

能力与奖励：

1. 确保作业便利并有教练支援。

2.给予训练和支持以利发展人际关系与技巧。

3.确定队员了解所需要的技能，并能拥有这些技能。

4.薪资要与技能对应，并以工作绩效和成果为基础。

5.持续地评估工作绩效，不断调整团队适应计划的状况。

对于领导者来讲，领导能力通常来自于团队成员的合作协调以及对自身知识潜力的释放。企业领导只有不断调整企业的战略方案，让团队中的每个成员积极地参与进来，才能产生团队就是力量的效应。但也要充分认识到：在企业管理成长中需要群体效应，作为领导者只是激励团队成员完成自己制定的战略目标，而完成这些目标取决于团队成员的努力程度。

凝聚团队的解决方案

我们已经知道，从团队成员获取关于他们需要和期望的团队经历的反馈信息是可以帮助你设立团队准则的价值观念。一个能够做决定的团队，比起只能分享信息的团队更能够吸引队员卖力，而且依众人的意见而做决定的团队，比只能向领导人提供意见的团队更具吸引力。在创业式的组织里，要把团队凝聚在一起，最重要的在于建立一个完善的公司体系，因为众人的共识是决定团队成功的关键之一。团队以众人的共识做决定令人心服，队员因而才能真正相互影响。如果不为这样的团队建立一个完善的体系，导致员工流失，将会为公司带来很大的损失，此时，就要建立解决团队矛盾的新方案。经过多年的研究，我总结出了解决团队问题的五大步骤：

第一步：找出问题再予诊断

认为没有问题；寻找问题的原由。

将注意力放在核心问题处，找症状。

第二步：拟定所有的可行方案

评估建议前，务必对问题了如指掌。

审视所有的可行方案，切勿有了一个方案就立即采用。

第三步：评估所有的可行方案

采用客观资料，而非主观的评估。

切勿只依赖数字，要对数字多加判断。

寻求完整的解决方案。

第四步：做决定

切勿快速同意第一个吸引人的办法。

允许异议。

确定所有队员都承诺照办了。

第五步：执行决定

确定所有的队员支持计划。

对任务将由谁负责、何时完成等取得共识。

所以说，企业只有为员工提供解决方案，才能建立一种团队精神。对于企业来说，要搞垮一个企业，一个领导者就够了；要搞好一个企业，则需要一个团队。团队的智慧远比个人的智慧更重要，在克服困难和面对现实方面，团队要优于个人。团队的技能和团队的倾向是创新的基石，而团队的成功往往在于领导者能不能把每个人最优秀的地方组合在一起，形成团队优势。尽管创造这样的团队需要付出很大的代价，但好的团队能为企业成长起到推动作用。

建立团队的基本价值观

通常来说，团队领导要想获得成员的信任，就必须及时兑现其承诺，而领导兑现承诺的程度取决于领导的价值观和所制定的标准。因此，团队领导确定一定的价值观是非常重要的。众多企业之所以强调这一点，是受传统的管理方式影响的，这种影响能使人构想彼此之间的依存关系，对那种独立作业、独立创作、独立发明的僵化体制进行改革，同时还能抛弃旧体制严格、僵化的内容，取而代之的是改变行业、促进合作，以此体现出共同的基本价值。

事实上，好的团队需要有一些冲突，因为异议是必需的。团队若有以下情况就表示有了麻烦：一个是完全没有冲突，另一个是极端的两极化。一旦异议受到重视，如同组织鼓励队员清晰表达疑虑，解决的办法通常就会更具创意。不同的观点可能是相当有价值的。在团队一致解决问题的环境里，队员都能毫无保留地承认自己仍有不懂之处，并讨论不同的观点。不过，由于队员一方面有遵守团队规则的压力，另一方面又有为自己辩护的能力，因此承认队员是独立的个体，应被制定为团队运作的准则之一。团队必须定期拔出时间，评估自己的活动状态和绩效，并扪心自问运作情况如何。管理者必须有自知之明，团队也应该如此，团队的环境应该允许评鉴和反馈，也应有助于个人的发展。团队是一种动态的资讯系统，它在组织这个大系统下运作，就像组织的文化不是静态的，团队也会在适当的时机发展、改变。不管环境如何，团队趋向于共同经历的预期发展阶段，而每个阶段提供了决定性的职能。所以，领导者在组织内运作时务必了解团队需要时间才会有归属的情感与默契，也需要经历好几个阶段，才能获得最大的功效。

团队发展的五个阶段：

第一阶段：队员资格

队员已决定承诺效果，队员之间的互动是有争议且慎重的。管理者必须将队员和团队的宗旨结合，找出核心问题并将之与队员的特别专长连结，以增加团队对队员的吸引力。

第二阶段：次团体的形成

个人寻找志同道合的盟友，并趋向于由次团体发言。此时，冲突较为间接，队员的等级也变得模糊。重要的是，次团体可以确保团队有足够的时间讲授作业情形，以及什么情况会抑制团队的效能。

第三阶段：冲突

次团体之间会出现冲突，此阶段可测试队员间的关系，以及各团体是否能幸免于体制内的冲突。这是一个转折点，管理者不应急于扑灭火焰，而应向队员提示观念意见差异的价值，鼓励队员发表异议。队员则必须学习如何提出问题和困难，如何表达异议、如何解决冲突，绝对不能压制冲突，因为它会转移到其他方面，以较间接但更棘手的方式出现。此阶段队员通过学习如何商议而化解冲突，同时可以改善沟通技巧，并学习如何不通过批评而给予他人行为上的反馈。团队应找时间再次自我评估一番。

第四阶段：人各有别

如果第三阶段的冲突已被成功地解决，队员应该感觉成为团队的一员相当轻松自在。虽然队员接受仍是独立个体的观念，但不同的想法意见仍然存在。进展到这个阶段着实不易，这个阶段显示团队可能会有很高的工作绩效。此时，团队有了更高的自治权，加上问题已获得解决，个人的技能可以获得更充分的利用，团队也博取了更多的信任。

第五阶段：合作

团队集体作业解决问题、相互支援，由于集体合作的力量大于个别力量的总合，因此，可以产生更佳的效果。这个阶段是真正的整合为一体，强调的是向心力。团队因受惠于第四阶段达成的人各有志的观念，队员知道他们可以互相影响、给予反馈而不会失去原有的地位。一旦达到合作的阶段，团队要做的事就是持续努力以维持整体和谐的气氛，此时企业领导者就应该提倡团队效应，而团队效应体现在：

1. 必须承认每个人固有的构想，人人都拥有一份智慧。

2. 勇于开拓各项领域，并进行创新。

3. 当你经过努力而看不到结果时，不妨去请求同事帮助。

4. 认识到团队有利于产生激情，激情能体现出你的能力。

5. 团队成员同心协力，结合成巨大力量，共同创造一份事业。

那么，如何达到这种效应呢？答案就是企业领导者应树立起让员工信任的领导权。更重要的是还要理解团队发展阶段过程中所体现的四个特征：

1. 形成阶段。团队在处于形成阶段时，关心的是"为什么""是什么""谁""什么时候"，这个阶段，冲突还不存在。

2. 变化。当面临"需要做什么"和"由谁来做"等问题时，矛盾开始产生了。人们纷纷提出关于工作应该如何开展的个人意见，并把自己的意见融合到集体意见中去。一个强大的共同目标是解决冲突的最重要的方式。变化阶段是一个必要的、有用的阶段，在这个阶段里，人们想要创造，想要结盟，想要拥有自主权。

3. 规范。团队的目标、任务以及工作界限得到了明确的规定并获得了成员们的接受。各个成员有了自己工作的权利和责任。在规范阶段，定期的团队会议是必要的，因为只有这样成员们才能够共同监控项目的进程和解决随时出现的问题。

4. 实施。在这个阶段，团队成为真正意义上的团队，团队成员步调一致，互相支持。团队成员不断调整他们的工作以使项目走上正轨，同时监控项目的进展并控制变化。团队合力行使权利、承担责任，不仅仅是为了完成工作，更是为了团队的动态发展。

由此可以看出，领导者的价值观对团队的价值观是有着直接影响的。一般来说，领导者需要把自己的价值观正确地传递给团队。例如，通用电气公司的价值观就体现了这一点，它充分地体现了领导者的价值观必须与团队的价值观完全融合，只有这样，团队才更有生命力和竞争力。下面就是通用电气公司的价值观。

GE领导人……永远保持坚定的诚信：

1. 以极大的热情全力以赴地推动客户成功。

2. 视"六个西格玛"质量为生命……确保客户永远是第一受益者……并用质量去推动增长。

3. 坚持完美，决不容忍官僚作风。

4. 以无边界的工作方式行事，永远寻找并应用最好的想法而无须在意其来源。

5. 重视全球智力资本及其提供者……建立多元化队伍去充分利用它。

6. 视变革为可以带来增长的机会，例如"电子商务"。

7. 确立一个明确、简单和以客户为核心的目标……并不断更新和完善它的实施。

8. 创建一个"挑战极限"、振奋、不拘形式和信任的环境……嘉奖进步……颂扬成果。

9. 展示……永远保持对客户有感染力的热情……GE领导人所要求的四个方面（4-E's）：具有迎接并应对变化速度的个人活力……有能力创造一个氛围以激励他人……面对艰境勇于做出果断决定的锋芒……及始终如一执行的能力。

组建团队在于信任

任何组织要想加强团队凝聚力，就必须相互信任。这种信任不仅仅是团队成员之间的相互信任，还包括组织与组织之间的相互信任、组织领导与团队成员之间的相互信任等。

相互信任是相互团结的前提和基础，只有各个成员相互信任，才能真正做到内部的团结合作、协商一致。如果一个团队的内部无法实现团结合作、协商一致，就很难与竞争对手去抗衡，就很难快捷而高效地完成各项任务。作为管理者，永远都希望自己的团队能够保持团结合作、协商一致。只有这样，才能真正发挥团队的核心竞争力。

领导者给团队成员的信任度往往成为团队的一种心理病症，如果团队成员不信任你，工作效力就会受到严重阻碍，长此以往必定会危害整个组织。

对于企业来说，只有信任才能促使企业成长，信任使领导者与员工很容易地结合在一起。如果一个企业领导者的信任度慢慢地被破坏，他领导的企业就会出现问题，人们就会隐藏他们的利益，人们也不会把他们看重的资源向那些不相信的人泄露。团队合作不仅改变了组织内部的动态关系，转移了责任，还涉及到由于各自的经验、管理、智慧、品行、观念、勤劳等无形观念在一个企业里所占的比重，从而造成了不同程度的影响。如果对人不信任，团队成员就会产生严重的心理负担。为了助长良好的团队合作，领导者必须交出控制权，包括对任务结果和团队动态的控制权。领导者放弃控制权并不意味着控制权没有了，而是改变成另一种方式的控制。控制的根基由领导人转移给团队，让团队具有协调和控制的能力，才能明确自己存在的目的。在决策过程中自我规范，并建立团队成员间的互动关系非常重要，因为此时已体现出信任是以人为本的基础原则。

在高度竞争的环境里，文化软件可能比组织结构、系统和战略等硬件对绩效和盈亏有更显著的影响。此时，就要以信任为基础，促使每个员工在思维、观念和理念上把共同的追求凝聚起来，让团队成员以领导的信任来支撑企业的发展。当企业领导者和员工、对外合作伙伴处在一个共同信任与理解的平台上时，才能把个人意识统一起来，形成团队意识。

一个在过于放纵和娇惯的环境里成长的人，是缺乏社会竞争力的。连接企业领导者与员工共同奋斗的基础是建立信任，信任是促进企业领导者与员工的连接纽带，当一个企业领导者通过自己的办事风格取得员工的信任时，这种相互作用就产生了。

信任人的具体表现是关心人、重视人、尊重人和为员工提供成就事业的舞台。总而言之，团队没有协调好，责任没有划清，主要就是领导者的领导风格出了问题。此时，领导者就应深入工作现场，进行现场管理，与职工面对面地进行交流，使企业领导者有意识地对员工背景、爱好和目标发生兴趣，倾听员工的交谈和提问，并且观察周围环境以了解更多信息，让领导者能够与团队成员彼此相互融合。

坦诚的力量

作为企业领导者，让团队成员感到坦诚最重要。

当你试图进入工作圈时，要以帮助的态度来管理企业，而不是以命令的态度进行，只有帮助他人建立起别人对他的信任，经常为他人树立信心，在公开场所为他人打气，让公众对他产生信任感，才能获得成功。如果团队对企业领导者失去了信任，合作伙伴、员工都会采取脱离的方式，从而使企业处于不利境地。

用一个人，不要追求十全十美，应该把人们组合在一起，让他们形成一个整体。如果单独去看一个人，他不一定很优秀，但几个具有不同特点的人在一起做的事情就会很漂亮。因为在这个共同体中，每个人都把自己的弱点隐藏起来了，贡献的却是自己的长项。能有这样的配合，彼此间坦率和以诚相待是最重要的。

无论什么企业，一定要讲信誉，精心维护企业领导者多年建立起来的信誉，不要因个人私利，就出尔反尔，这样做不仅有损于形象，还有损于企业最高决策者的人格。一切都要实事求是，不要以为自己是企业的管理者，就可以"置信义于不顾"，这对企业的发展是非常不利的。

一位领导者这样说过："真诚的力量是无限的，只要适当加以运用，几乎没有达不到的期望。想要改变自己，想要成功，一定要以真诚作为做人的根本。"换句话说，就是无论在一个多么严密的组织体系中，成功的领导者都能在团队中引发共鸣，其主要原因在于他们能时刻进行自我剖析。错了就承认，不要摆架子，不要用命令代替一切，要摆脱一种约束，把话摆到桌面上来谈，任何事都有一个公正的道理才能让大家接受、理解。要达到这一目的就要做到坦率与真诚。

企业与员工之间是伙伴关系，是平等的、互助的和相互支持的，企业所追寻和强调的是沟通上的责任感，它比强迫员工顺应组织的要求具有更深远的意义，企业和员工之间的沟通，是为了共同的理想和目标，通过相互承担的责任和义务去实现。员工认同企业的核心价值观，把其带入企业的文化中，企业与员工之间相互激励、相互影响，共同构筑"心理合同"，企业提供挑战性和有意义的任务，员工则回报忠诚和责任感。共同的理想和目标会把企业与员工紧密地联系在一起，并促使他们不断地用知识去创造价值，进而推动企业的发展。

这种创造价值的能力就是建立起一种沟通能力，让员工能够自由地选择时间，选择工作方式，甚至可以选择与他人共事的沟通能力。这种能力能够使员工公正、诚恳和理智地发表意见。

如果企业领导者不能和下属沟通，就不能带领团队成员努力进取。如果团队成员不能和企业领导沟通，就不能形成协同作战的团队。一个善于沟通的管理人员必须是一个善于倾听的人。比如一个工程设计师，一个研究员，一个车工，在单兵作战时并不差，像孤胆英雄，但并不意味着都能成为将军。这就是说，生产能手注重的只是完成眼前的单件任务，而管理人员注重的则是把单件的任务串联起来，导向最终结果——创造客户价值。

所以，一个管理者在工作中需要沟通、交流。在与企业管理层进行交流时，必须根据企业的发展情况做出新的规划，即对发生在企业内部与企业外部的结果进行观察。当企业在用真诚来对你时，你就要把自己的意识调转过来，共同完成一项工作。

在一个企业发展过程中，并不是说有了真诚的动机就能让别人信任你，它还体现在每遇到一件事时，要三思而后行，要不断地否定自己，认为做一件事是大家的功劳，在选择一件事时，要考虑到集体的利益。一个人的胸怀、跟别人交往的能力是在与人沟通的过程中培养起来的。忠厚老实的人，在社会上不一定能出人头地，原因是他不会三思而后行。

那么，在企业管理中，怎样才算"三思而后行"呢？

一是建立或明确追求的目标。在这个问题上，要考虑企业的战略目标与方针在时间安排上是否反映了环境对其行动的吸收能力？是不是能与国家政策、社会水准、人们的生活方式相一致？是否反映了企业组织的应变能力？企业组织确定的目标能否实现？

二是对团队成员的技能和资源运用状况进行估测。确定选择哪些有发展前途的产品进行开发，选择哪些产品作为重点投入、重点发展项目；退出哪些增长性低或市场萎缩的产品领域。

三是如何选择一个合适的行业领域进行产品开发，充分利用供应商、中间商、顾问、客户等的能力、实力和经验。

四是对需要发布的信息取得一致的看法。要在信息传播、与顾客联系的紧密性、提供信息的及时性、有用性与真实性及识别、记忆、说服力等方面，给用户带来便利的价值。

但在这里还有一个思维定势问题，如果单纯地靠这些，有时还是不能解决问题，还会受到各种环境的影响。因此还要认识到企业只有信任人，才能延伸到尊重人、关心人、培养人，促进员工的创新，构建团队精神。

在企业经营活动中，有很多人认为信任是由领导者的权力所决定的。实际上，信任是由许多员工参与而不断发展起来的，是在大家共同认可的情况下形成的。信任是许多人经过多年实践一点一点建立起来的，它的表达可以是一句话，但其内涵不是轻易就能解释透彻的。所以大家要有一个责任，要通过具体行动，真正以信任为基础，促进每个员工在思维、观念和理念上把共同追求凝聚起来，让团队成员以对领导层的信任来支撑企业的发展。只有当企业领导者和员工、对外合作伙伴在共同信任与理解的平台上，他们才能理解信任是保持其关系的基石。确定经历中可共享的一面

一个企业领导者，当你与他人没有什么共同基础时，可以寻找一个相同的部分，或寻找人们的相关信息，从而激发经历的相同部分，这种激发能够成为与有联系的信息作为形成共同的基础手段。但在信息企业里，人们之所以追随领导者，原因之一是相信领导者有自己不具备的信息处理能力。对于那些感到自己不具备信息处理的人来说，需要明白信息处理能力是一个收集信息、分析信息和运用信息的复杂工程，需要团队全体成员共同参与。如果领导者过于迷信自己的聪明才智，不重视下属的信息处理能力，就会丧失信息处理能力，从而削弱领导能力。在这种情况下，就要制订一个营造共同基础的社交活动计划，设置一些专门的约会，参加定时的聚会，以及给自己规定议程来营造共同的基础，从而达到共享信息的目的。当有人已经跟我们一样时，认清和接受他们是比较容易的，我们容易与那些已经具有雄厚基础的人在一起工作。因为他们已经明白了个人的信息处理能力不能变成整个团队的信息处理能力就无助于团队整体的提高。

面对一个真实的自我。如何正确信任人，首先是正确认识处理人才、企业文化、管理和市场四者之间的关系才是最重要的。信任人不要超出使人们分离的界限，要使他们与领导者的关系一致，领导者才能带着深深的敬意去接受他人，而不是评判他人。

一位领导者说："我们应该获取股东的信赖，有时员工所在的公司虽然基础差、底子薄，但他们表现出极强的事业心，通过他们的努力，可以把公司的发展推到现在的水平，从这方面来看，他们是有能力的。现在我所担心的是，公司在追求高速发展的时候，管理人员的能力也要有所提高，这种能力的提高，除了有信心和信念外，还需要加强员工获取知识的能力。"只有这样才能不断加强管理者的能力，让他们在各个方面得到培训，才能在社会上网罗到其他方面的专家，包括咨询顾问、财政、企业管理等方面的专家。他们希望管理者精通他们的管理对象和管理业务的内容，只有这样才能制订新的学习计划。

对信任的透视有利于巩固团队。当一个人受到别人的信赖，别人就信任这个人，感觉这个人是可信赖的、可领先的，你就会获得支持。

怎样才能建立起信任呢？应该在信任别人的基础上提高自己的办事能力，此时就需要你做到以下几点：

1. 说真话；

2. 许下的承诺一定要实现；

3. 要信任别人；

4. 加深你对他人的信任；

5. 维护重要利益；

6. 取消秘密会议；

7. 让大家都参与到决策中来；

8. 让信息共享；

9. 给信息建立时间。

一位西方经济专家认为，不论一家企业身处何方，也不论它经营何物，企业的领导者都必须发展培养一种指导性哲学使得企业能够得到最大增值。这一哲学决定着领导者的管理方式。

在一些成功的企业里，领导者所采取的管理方式并不是简单地延伸自己的个性，而是最大限度地满足企业以及当前经营环境的需求。行业是在飞速地发展还是已经趋于老化？企业面对多少竞争对手，它们的力量如何？科技是否对企业的发展至关重要？如果是，那么技术的发展状况如何？企业的资金以及人才优势如何？企业如何才能维持长久的竞争能力，距离这些目标还有多远？对于以上这些类似问题的答案，决定着领导者将采取以下几种不同领导方式中的哪一种，这一点至关重要。

第三章
团队精神

　　要想成为一个卓越的团队组织，就必须在团队精神建设方面有好的建树，必须把团队精神的教育与良好人际关系的建立紧密结合起来。拥有团队精神的团队，会使每一个团队成员都心情舒畅、干劲十足、协作性强，并能够创造出骄人的业绩。

什么是团队精神

古人云：人心齐，泰山移。我们也常说："团结就是力量。"团队精神的形成并不要求团队成员牺牲自我，相反，挥洒个性、表现特长保证了成员共同完成任务目标，而明确的协作意愿和协作方式则产生了真正的内心动力。

团队精神是组织文化的一部分，良好的管理可以通过合适的组织形态将每个人安排至合适的岗位，充分发挥集体的潜能。如果一支橹中止了和另一支橹的协作，这条船只能在湖中绕圈子，而不能直达彼岸。

斑马精神与蚂蚁精神正是团队精神的真正写照。自然界用其特有的现象向我们展示了团队精神的重要性。

那么，什么是团队精神呢？所谓团队精神，简单来说就是大局意识、协作精神和服务精神的集中体现。团队精神的基础是尊重个人的兴趣和成就，核心是协同合作，最高境界是全体成员的向心力、凝聚力，反映的是个体利益和整体利益的统一，并进而保证组织的高效率运转。团队精神的形成并不要求团队成员牺牲自我，相反，挥洒个性、表现特长保证了成员共同完成任务目标，而明确的协作意愿和协作方式则产生了真正的内心动力。团队精神是组织文化的一部分，良好的管理可以通过合适的组织形态将每个人安排至合适的岗位，充分发挥集体的潜能。如果没有正确的管理文化，没有良好的从业心态和奉献精神，就不会有团队精神。对这个定义我们可以这样理解：

1 团结协作、优势互补

如何协调个人成长与团队成长的关系，使它们能够相互作用、共同发展是一个值得讨论的话题。拥护团队合作却不使人们承担团队协作的责任，只能被认为是表里不一。假如一个领导者不断地谈论团队却在管理上独断专行，那么独断专行的管理会被认为是其通常的工作作风。如果这位领导者奖励了有悖于团队协作精神的行为，那么，不管这位领导者如何强调团队协作的工作作风，那些有悖于团队协作的行为都会被效仿。所以说，团队协作模式对个人的素质有较高的要求，成员除了应具备优秀的专业知识以外，还应该有优秀的团队合作能力，这种合作能力，有时甚至比专业知识更加重要。

据统计，诺贝尔获奖的项目中因协作获奖的已经占到2/3以上，而在诺贝尔奖设立的前25年合作获奖的比例是41%！

一个由相互联系、相互制约的若干部分组成的整体，经过优化设计后其整体功能将会大大超过各个成员个人能力的总和。华人陈安之在研究了成功者的经验之后，得出了"永恒成功法则"：

成功靠别人，成功靠团队！

你的命运，决定于跟谁在一起；

你的行为，决定于所交往的人；

骑上好马，才能马上成功。

利用团队的力量来增强自己的实力，比自己单打独斗成功的纪律要高得多。

曾有这样的一个说法；日本人的处世方式是"下围棋"，做事从全局出发，为了整体的胜利，甚至可以牺牲局部的"棋子"；美国人的做事原则是"打桥牌"，需要与人密切配合，才能战胜另外两家的组合；中国人的办事风格是"打麻将"，总是孤军作战，看住下家，防住上家，自己不和牌，也不让别人和。

看到这里你也许会为一部分中国人的行事风格而忧虑，要改善这一缺点，首先要从自己做起，养成与人团结协作的习惯。

在一堂数学课上，老师给同学们出了一道题："1+1等于几？"孩子们回答是"2"。没错，从计算上来说1+1=2，但在生活中很多时候1+1并不等于2。为了说明这一点，老师举了一个例子。

一天，有两个人在茫茫沙漠中迷了路。其中一个人，身上一滴水也没有，快要渴死了；另一个人腿伤了，无法走动，但他身上有半壶水。

有水但伤了腿的人，应当让出部分的水给没水的人；而没水的人，应当将有水的人背出沙漠。各取对方所需，一起合作共同走出沙漠，这时就出现1+1大于2的情况。

这两位得救的人原来都是来沙漠考察的科学家，当他们走出沙漠回去工作之后，继续在一起合作，一起研制出一种新药，治好了千千万万的病人。这时的1+1又等于多少呢？

2 尽职尽责，充分奉献

一个好的团队，必然会有好的成员。一个好的成员要在工作上尽职尽责，在处理各种事务上充分发挥主观能动性，他们的付出充分体现了一种奉献精神，他们是在为体现自我价值而工作。团队成员的尽职尽责，体现了团队的向心力，使每个团队成员都心甘情愿地在公司里为实现自己的理想、成就自己的事业而奋斗。

3 团队成员的忠诚

每一个企业都必须确定"忠诚"这个核心，每一个员工都必须忠于自己的企业，因为这是企业继续发展和壮大的根本保证。拿破仑曾经说过："没有忠诚的士兵，没有资格当士兵。"麦克阿瑟是第二次世界大战时的美国著名将领，他认为"士兵必须忠诚于统帅，这是义务"。

确定员工的忠诚，是整个企业实现战略规划的关键因素。为什么呢？忠诚虽然只是一种道德要求，但却是核心的价值要求，一个企业一旦形成了忠诚的企业文化，必然会产生巨大的合力，而这样的企业就会无坚不摧，一往无前。

就一个企业而言，员工必须忠诚于所在的企业，必须拥护他的老板，这是确保整个企业正常运行、稳步发展的重要条件。试想，在一个企业里，员工朝秦暮楚、三心二意、得过且过、经常顶撞领导，这样的企业必然没有发展前途。因此，缺乏忠诚就没有资格当员工。

4 积极向上的品质

一个卓越的团队，团队成员都必须明白卓越的内涵包含着积极向上的品质、高尚的道德标准。因为，他们知道，任何永恒的卓越都离不开积极向上的品质和高尚风格。因此，具有团队精神的人，总是以一种强烈的责任感、充满活力的热情，为了确保完成团队赋予的使命和同事一起努力奋斗、积极进取、创造性地工作。

5 和谐的人际关系

一个优秀团队的凝聚力和竞争力是不容忽视的，没有哪个企业希望自己的员工是一盘散沙，个个都去单打独斗。那么，一个企业领导者如何使自己领导的团队具备这种凝聚力和竞争力呢？首先，必须处理好团队成员之间的人际关系，如果一个团队没有良好的人际关系，是不可能有人与人之间的真诚合作的。而失去了这种合作关系，企业的发展也会受阻。因此，要想成为一个卓越的团队组织，就必须在团队精神建设方面有好的建树，必须把团队精神的教育与良好人际关系的建立紧密结合起来。

由此可以看出，拥有团队精神的团队，会使每一个团队成员都心情舒畅、干劲十足、协作性强，并能够创造出骄人的业绩。

构建团队精神

1961年，25岁的韦尔奇带着漂亮的新婚妻子来到马萨诸塞的匹兹菲尔德，并以化学工程师的身份在GE的一家研究所里工作了一年，年薪是10，500美元，年终还涨了1，000美元，他觉得挺不错。可当他发现一个办公室里4个人的薪水居然完全一样时，他去找老板说理了。结果，没有任何结果。沮丧之际，他萌生了去意。

就在这时，上一级主管鲁本·加托夫来到研究所检查工作。他与韦尔奇并不陌生，他们曾经在几次业务会议上碰过面，韦尔奇每一次都能提出一些超出他预期的看法。韦尔奇就是想"脱颖而出"，而鲁本·加托夫显然也已经注意到了这一点。当他知道韦尔奇将要离去时，晚饭的4个小时里竟一直在极力地做着挽留工作，并发誓要杜绝公司的官僚作风对韦尔奇的影响。夜里1点钟了，他又在高速公路旁的电话亭里打投币电话，继续游说——韦尔奇和妻子已经进入梦乡，可鲁本还在工作。

以下是韦尔奇的自述：

在黎明后的几个小时，在欢送我的聚会举行之前，我决定了，留下来。从此，我再也没有离开GE。加托夫的认可——他认为我与众不同而且特殊——给我留下了深刻印象。

从那以后，区别对待便成为了我进行管理的一个基本组成部分。

有些人认为区别对待的做法会严重影响到团队精神，但在我看来这是不可能的。你可以通过区别对待每一个人而建立一支强有力的团队。瞧瞧棒球队——每个人都必须认为比赛里有自己的一份，不过这并不意味着队里的每一个人都应该得到同等对待。

我深刻地体会到，比赛就是如何有效地配置最好的运动员。谁能够最合理地配置运动员，谁就会成功。这一点对于经商来说没有任何不同。

成功的团队来自于区别对待，即保留最好的，剔除最弱的，而且总是力争提高标准。人们在组织中互相协作，创造出的集体成果远远大于个人努力的总和，因此与人际关系相关的能力对个人和组织的成功也是至关重要的。这一类能力与个人的品质和个人的特征是息息相关的，其中包含了自身与他人之间的关系和交往。虽然有些人出类拔萃的能力弥补了他们在人际交往和人际关系能力上的不足，但他们所体现出的团队精神却并非是一流的。

团队精神有三个方面的重要内容，一是团队精神强，团队成员对团队有强烈的归属感、一体感；二是团队成员忠于团队，以团队利益为重；三是团队成员之间相互协作、相互依存，对团队任务全心投入。具体来说，精神的力量是巨大的，一个成功的团队必须培养成员的团队精神。

1.挥洒个性。这是团队精神的基础。《团队的智慧》的两位作者琼·R·卡扎巴赫、道格拉斯·K·史密斯一再强调要精确地区分团队和一般性的集团：团队不是指任何在一起工作的集团。团队工作代表了一系列鼓励倾听、积极回应他人观点、对他人提供支持并尊重他人兴趣和成就的价值观念。杰克·韦尔奇眼中的典型团队就是运动团队，不难发现：

其一，团队最基本的成分——团队成员，是经过选拔组合的，是特意配备好的；其二，团队的每一个成员都干着与别的成员不同的事情；其三，团队管理是要区别对待每一个成员，通过精心设计和相应的培训使每一个成员的个性特长能够不断地得到发展并发挥出来。这才是名副其实的团队。

这样，团队与一般性集团鲜明的差别就显现出来了——创造团队业绩。团队业绩来自于哪里？从根本上说，首先来自于团队成员个人的成果，其次来自于集体成果，一句话，团队所依赖的是个体成员的共同贡献而得到的实实在在的集体成果。这里恰恰不要求团队成员都牺牲自我去完成同一件事情，而要求团队成员都发挥自我去做好应该做的事情。

对于多数管理专家而言，《西游记》中的唐僧师徒组合不能算是一个合格的团队：其团队成员要么个性鲜明，优点或缺点过于突出，实在难以管理；要么缺乏主见，默默无闻，实在过于平庸。但就是这么一群对团队精神一窍不通的"乌合之众"，"个性"突出的典型人物组合在一起，克服了常人难以想象的种种困难，最终却完成任务取回了真经！真是让人大跌眼镜！

其实，换个角度来看，"个性"也许并不是那么可怕：作为团队领导人和协调者的唐僧，虽然处事缺乏果断和精明，但对于团队目标抱有坚定信念，以博爱和仁慈之心在取经途中不断地教诲和感化着众位徒弟。

队中明星员工孙悟空是一个不稳定因素：虽然能力高超，交际广泛，嫉恶如仇，但桀骜不驯，喜欢单打独斗。最重要的一点是他对团队成员有着难以割舍的深厚感情，同时有一颗不屈不挠的心，为达成取经的目标愿意付出任何代价。

也许很少有人会意识到，猪八戒对于团队内部承上启下起着多么重要的作用，他的个性随和健谈，是唐僧和孙悟空这对固执师徒之间最好的"润滑剂"和沟通桥梁，虽然好吃懒做的性格经常使他成为挨骂的对象，但他从不会因此心怀怨恨。

至于沙僧，每个团队都不能缺少这类员工，脏活累活全包，并且任劳任怨，还从不争功，是领导的忠实追随者，起着保持团队稳定的基石作用。

每个团队成员都会有个性，这是无法也无需改变的，而团队的艺术就在于如何发掘组织成员的优缺点，根据其个性和特长合理安排工作岗位，使其达到互补的效果。

也就是说，团队精神的形成，其基础是尊重个人的兴趣和成就。设置不同的岗位，选拔不同的人才，给予不同的待遇、培养和肯定，让每一个成员都拥有特长，都表现特长，而这样的氛围越浓厚越好。

2.增强团队凝聚力。团队凝聚力是指团队对其成员的吸引力和成员之间的相互吸引力，它包括"向心力"和"内部团结"等含义。当这种吸引力达到一定程度，而且团队成员资格对团队成员个人和团队都具有一定的价值时，我们就说这是个有高度凝聚力的团队。高凝聚力团队有以下特征：强烈的团队归属感，成员愿意参加团队活动并承担团队工作中的相关责任，维护团队利益和荣誉；成员之间沟通信息快，互相了解比较深刻，关系和谐，并具有民主气氛。团队凝聚力是维持团队存在的必要条件。如果一个团队丧失了凝聚力，团队就像一盘散沙，这个团队就难以维持下去，并呈现出低效率的状态。而团队凝聚力较强的团队，其成员工作热情高，做事认真并不断有创新行为。因此，团队凝聚力是实现团队目标的重要条件。

3.规范团队成员的行为，增强团队凝聚力的关键是要鼓励团队需要的、有利于团结的团队行为，同时要抑制团队不需要的、不利于团结的团队行为。

团队行为的根本原则是，鼓励所有的成员开诚布公地表达自己的想法，充分发挥创新和冒险精神，勇于提出难题。因此团队应采取措施，支持团队所需要的行为。好的团队行为包括：愿意参与、贡献想法、设定目标；愿意加入及信任其他团队成员；积极有效的沟通；愿意分享及珍惜不同的想法；愿意接受其他的观点；愿意想办法找到所有人都同意的替代方案；愿意支持并执行团队的决定；尊重别人的需求、感觉及权利，允许别人有不同的意见；公开地分享信息及专业知识。

当对别人的行为有意见时，团队成员能做到：具体说明而不是泛泛而论；明白时机的重要性；考虑自己和别人的需求；建议弥补的方式或新的行为；确定对方已经明白你想沟通的信息；查询别人是否同意你的意见。当有人表现出有害整体的行为时，就会带来很大的麻烦，因此，要抑制以下几种不良的团队行为：不愿意放弃个人需求及个人重视的议题，不愿意与其他成员合作；对于团队所推动的变革以及其他成员、团队的运作，都表现出消极的态度；表现出当明星的强烈愿望，而不愿意做一个完整流程的参与者；严以待人，宽以律己。

所以说，能够作为共同合作的小组成员之一和有效地发挥自己的作用，在许多职位中的确是一个绩效出众者的突出特点。虽然人人都清楚团队精神的重要性，但大多数人并未探究过究竟什么叫作团队精神。团队精神不只能发挥个人的作用，还能够使优秀的团队成员通过各种行为和工作方式提升团队中其他成员的工作绩效。

通常来说，如果一个团队有一些低情商的人，整个团队的进度就可能减慢或停滞。比如说，有些人特别热衷于表现自己，喜欢控制或主宰别人；而另外一些人对事物缺乏热情。研究发现，影响团体表现最重要的因素就在于成员是否能够营造和谐的气氛，让每个成员的才华都发挥出来。特别有才华的个人在和谐的团队中能有优秀的表现，但在人际关系摩擦较多的团体中，却只能有壮志难酬的遗憾。在一个低情商的团体中，如果有严重的情感障碍，比如恐惧、愤怒、恶性竞争、不公平待遇等，各成员的才能就很难得到充分发挥，因为他们的能量都消耗在内耗之中了。在这样的环境中，企业领导者就需要体现出：

履行对其他团队成员承诺的义务；

对其他成员的工作提出反馈意见，帮助他们成为更出色的团队成员；

真正地体现出一个企业的核心价值观。

任何时候都需要团队精神

团队精神的形成，其基础是尊重个人的兴趣和成就。设置不同的岗位，选拔不同的人才，给予不同的待遇、培养和肯定，让每一个成员都通报发挥特长，这就是团队应有的氛围。

团队精神的核心——协同合作。当然，我们不能忘记团队的根本功能或作用，即在于提高组织整体的业务表现。强化个人的工作标准也好，帮助每一个成员更好地实现成就也好，目的就是为了使团队的工作业绩超过成员个人的业绩，让团队业绩由各部分组成而又大于各部分之和。

于是，团队的所有工作成效最终会不由分说地在一个点上得到检验，这就是协作精神。如果没有鲁本对自己工作岗位的深切了解和认识，没有他执着的工作协作精神，韦尔奇还会是今天GE里的这个韦尔奇吗？

我们可以再看一个生动的例子：一次，联想运动队和惠普运动队做攀岩比赛。惠普队强调的是齐心协力，注意安全，共同完成任务。联想队在一旁，没有做太多的士气鼓动，而是一直在合计着什么。比赛开始了，惠普队在全过程中几处碰到险情，尽管大家齐心协力，排除险情，完成了任务，但因时间拉长最后输给了联想队。那么联想队在比赛前合计着什么呢？原来他们把队员个人的优势和劣势进行了精心地组合：第一个是动作机灵的小个子队员，第二个是一位高个子队员，女士和身体庞大的队员放在中间，殿后的当然是具有独立攀岩实力的队员。于是，他们几乎没有险情地迅速地完成了任务。

可见团队的一大特色：团队成员一定是在才能上互补的。共同完成目标任务的保证就在于发挥每个人的特长，并注重流程，使之产生协同效应。

团队精神的境界——凝聚力。至此，我们要问，团队精神的最高境界是什么？是全体成员的向心力、凝聚力。这是从松散的个人集合走向团队最重要的标志。

在这里，有着一个共同的目标并鼓励所有成员为之而奋斗固然是重要的，但是，向心力、凝聚力，一定来自于团队成员自觉的内心动力，来自于相似的价值观。我们很难想象在没有展示自我机会的集团里能形成真正的向心力；同样我们也很难想象，在没有明了的协作意愿和协作方式下能形成真正的凝聚力。那么，确保没有信任危机就成为问题的关键所在，而损害最大的莫过于团队成员对组织信任的丧失。

如果只强调个人的力量，你表现得再完美，也很难创造很高的价值。如果仅仅靠几个人的努力，是不可能为团队带来显著的成效的，更不用说是一个庞大的企业组织了。个人的能力总是有限的，团队的力量才是无穷的。那要怎样才能让有限能力的个人把无穷的团队力量发挥得淋漓尽致呢？只有靠大家的齐心协力，共同进退，才能为企业创造更多的价值。

相传佛教创始人释迦牟尼曾问他的弟子："一滴水怎样才能不干涸？"弟子们面面相觑，无法回答。释迦牟尼说："把它放到大海里去。"

个人再完美，也就是一滴水；一个团队、一个优秀的团队就是大海。

一个企业的生存离不开优秀的员工群体，而企业的发展则需要科学的技术和独特的企业文化的有机结合，而这种企业文化的实质和核心就是"团队精神"。

日本日立公司目前是一家拥有11个业务部、27个工厂和8个研究所的巨型企业，其成功的关键在于始终贯彻"诚""和"与"开拓精神"这一理念。这一理念使该企业充满诚心，团结一致，不断进取，发展壮大。松下幸之助之所以成为日本著名的经营之神，靠的也是"团结一致""齐心合力"和全体员工的高度责任感和奋斗精神。

纵观以上两企业，我们发现，团队精神始终渗透在企业的管理思想和各种制度、方法和习惯之中，使企业全体员工结成"命运共同体"。员工与企业之间保持着深厚的"血缘关系"，人们对企业坚持忠诚，信奉"家规"，为企业这个"家庭"不惜牺牲个人。

企业员工与企业连成一个整体的作用是使企业所有人员共同实现企业目标。在这方面，日本企业中的"团队精神"似乎表现得更有意义。日本企业家明白，当个人与企业的命运维系在一起时，企业的力量将是巨大的。因此，不难想象日本企业文化为什么取得优胜。

日本企业的"团队精神"不是空洞的，在企业实践中有三项重要的制度作为保障：一是终身雇佣制；二是年资序列工资制；三是企业工会组织。这三项制度使日本企业员工对公司的归属意识很强，不管是管理人员，还是一般员工，多数人对企业都有很深的感情，因为他们懂得只有依靠企业，多作贡献，才能实现个人的计划。

德国最大的航空公司——汉莎航空公司自1996年开始采用新的经营原理和改进服务工作，发挥"团队精神"，取得了明显效果，使公司得到了长足的发展。

在汉莎航空公司，从董事长于尔根·韦贝尔到各个部门的领导人，在一年之内至少有一次（时间至少为一周）下到为乘客服务的第一线，亲自做各项具体工作，如检票、预订机票和为机上乘客送葡萄酒等饮料。这种做法体现了一种团队精神，它是汉莎航空公司推行的革新计划的一个组成部分，希望通过革新来根除以前生硬刻板的机关作风，完全根据顾客的需要提供优质周到的服务。负责营销事务的一位董事说："从1996年11月1日起，我们推出全新的服务，就像汽车厂推出新车型一样。"这位董事考虑的是，由于成本高昂，航空公司几乎不可能再从价格上赚到钱，因此必须在改善服务上狠下功夫。

这次革新的核心部分是在技术领域。公司希望通过革新来根除以往生硬刻板的作风，完全根据顾客的需要提供优质周到的服务。这就要求各个部门能力合作，使顾客在各个环节上感到满意，比如检票、预订机票和为机上乘客送各种饲料等方面都要提高服务质量。

根据革新计划，汉莎航空公司的各个服务环节更加紧密地衔接在一起。这就是说，乘客省掉无谓的等候时间。汉莎公司的售票系统现在已经实现了电脑化，它通过信息公路24小时售票。那些临时决定购票的乘客不需要再焦虑不安地等待邮局把票送来。汉莎公司还推出了一种电子机票，使用它既能搭乘德国国内的航班，也可以搭乘飞往伦敦或巴黎的国际航班。

由此可以看出，各个小组共同合作，各个环节有序衔接，使制订的计划有步骤实施，强调团队精神的作用，不断改进服务，就能把管理工作做得井井有条；争取时间，赢得乘客满意和称赞，顺利完成各项工作任务，就能使企业稳步发展，不断提高效益。

一个人的力量总是有限的，每个人的成功都离不开集体的支持和他人的配合，可以说，如果没有团队精神的存在，人人都打自己的算盘，那么就无法使单位成为一个快速运转的体系，团队没有了更好的发展，个人更谈不到提高和收获。

一、团队精神的基础是挥洒个性，它为个人的发展提供了舞台。

二、团队精神的核心是协同合作，它为个人的发展提供了帮助。

三、团队精神的最高境界是凝聚力，它为个人的发展提供了保障。"一滴水只有融入大海，它才不会干涸"。

团队精神在我们的日常工作和学习当中至关重要，只有坚持把团队的利益放在第一位，充分听取、理解团队中其他成员的意见及建议，根据每一个人的岗位分工不同，尽量发挥每一个人的优势，才能更好地开展工作。惟有这样，才能有利于发挥每个人最强的力量，同时，每个人也可以用别人的长处来弥补自己的短处，取长补短，配合作战，才能更有利于任务的完成，更能体现自己的价值。没有完美的个人，只有完美的团队。就象我们常说的木桶定律：

一只木桶盛水的多少，并不取决于桶壁上最长的那块木板，而恰恰取决于桶壁上最短的那块木板，要想提高水桶的整体容量，不是去加长最长的那块木板，而是要下功夫补长最短的木板。因此，我们在工作中，必须牢固树立团队意识，互相帮助、互相支持，通过合理的分工和有效的规则，共同进步，共同完成工作任务，通过团队的成功实现自己的人生价值。

由此可以看出，强调团队精神的作用。团队精神的形成并不要求团队成员牺牲自我，相反，挥洒个性、表现特长保证了成员共同完成团队目标，而明确的协作意愿和协作方式则产生了真正的内心动力。

在工作中，只要分工明确，各个小级共同合作，各个环节有序衔接，就能使制订的计划有步骤实施；只要不断改进服务，就能把管理工作做得井井有条；只要争取时间，赢得顾客的满意和称赞，顺利完成各项工作，就能使企业稳步发展，不断提高效益。

学会巧妙地沟通

团队精神是现代企业成功的必要条件之一。能够与同事友好协作，以团队利益至上，就能够把你独特的优势在工作中淋漓尽致地展现出来，也自然能够引起老板的关注，否则很难在现代职场立足，因为"独行侠"时代已经一去不复返了。

团队合作沟通很重要，巧妙的沟通能使团队一团和气，一起取得进步和成功。因此西点军校会交给新学员巧妙地与他人沟通的方法，这是成为一名合格军人的必备素养。西点认为沟通是与人合作的开始，是团队精神的体现，能否进行有效的沟通关系到团队合作的成败。沟通还能让西点的学员，在走向社会之后，成为善于与人合作和受人欢迎的人。

西点的教官们告诉每一位学员：沟通带来理解和合作。如果不能很好地沟通，就无法理解对方想做什么，而不对方的意图和目的就不可能进行有效的合作，这在军队作战中是关键的。同样作为企业的一名员工，必须是一名善于沟通的员工，尤其是当你在某个合作组里的时候，只有这样才更容易得到企业的重用，因为你到哪里都能融入团队，发挥出自己的最大价值。这就是说，"有很强的沟通能力并善于与他人合作"，已成为企业在招聘员工时，衡量其素质的重要指标。

有家公司要招聘3名高级管理人员。

经过公司的层层选拔，在上百位应聘者中最终有9名优秀的应聘者脱颖而出，进入了由公司老总亲自选拔的终极面试阶段。

老总看了这9个人的详细资料和初试、复试的成绩后，露出满意的表情。但是因为这次招聘只能录取3个人，所以必须对这9个人再进行一次考核，于是老总给大家出了一道考题。

老总说："我们这次需要三名同事，就在你们9个人当中选拔，主要做市场开发方面的工作，所以你们必须对市场有敏锐的洞察力。"然后老总把这9个人随机分成A、B、C三组，并让A组的3个人去调查老年用品市场。老总补充道："让大家调查这些行业就是想看看大家对一个新行业的适应能力，希望每个小组的成员，都能尽全力做好这项工作，3天后我检查你们的工作！为了避免大家盲目调查，我已经叫秘书准备了一份相关的行业资料，一会儿走的时候每个人到前台拿一份回去。"

三天的期限很快就到了，9个人都按时把自己的市场分析报告送到了老总那儿。老总看完后，对C组的3个人说："恭喜3位，从今天开始你们就是我们公司的员工了。"

A、B两组的人没有成功，但他们很想知道自己失败在什么地方。老总笑着揭开了这其中的原因："你们看看我让秘书给你们的资料。"看完之后大家终于明白了，原来每个人的资料都不一样。老总接着说："C组3个人很聪明，互相借用彼此的资料，把自己报告的内容做得很充实。而你们这两组却抛开了队友，各自行事，各做各的。其实我这个题目的意图很简单，就是想看看大家是否具有沟通交流和团队协作意识。A、B两组失败的原因就是缺乏沟通，不知道合作的重要性，忽视了队友的力量。我们公司的发展最需要的就是大家的团队协作意识，所以我选择了C组，相信他们三个一定能为这个公司做出自己的贡献。"

前微软中国研发中心的总经理张相辉曾说："就招聘员工而言，我们有一套很严格的标准，这个标准就是极为注重应聘者是否具有团队精神。如果一个人是天才，但是缺乏团队精神，我们是不会录取的。因为软件开发需要协调不同类型、不同性格的人共同努力，缺乏合作精神的人很难胜任这项工作。"

所以说团结就是力量，当然团结离不开双方的沟通，一开始合作的时候没有沟通是无法团结的。西点的教官们会教导学员，沟通是双方的事情，如果一方积极主动，而另一方却很消极，那么沟通就会失败。作为个体如何才能学会巧妙地与人沟通呢？

首先，明确沟通的目的。

在沟通之前一定要知道自己该说什么。如果你不知道你需要对方怎么做，那就意味着你自己也不知道自己在做什么，或者对自己的工作开始产生误解，自然就更不可能让别人明白，自然也就无法达到沟通的目的。

其次，掌握好沟通的时间

对于双方沟通的时间，也要根据情况进行控制。如果你想沟通的对象正在忙着别的工作，你要求和他聊聊无疑是不应该的，可以和他简单打个招呼，约好见面的时间和地点。所以只有掌握好沟通的时间，把握好沟通时对方的情绪状况，才能取得很好的沟通效果。

最后，掌握沟通的方法

如果你已经知道该说什么，也知道什么时候说，那还需要掌握一定的沟通技巧。沟通是要用对方听得懂的语言：包括文字、语气及肢体语言等，而你应该做的，就是通过上述这些要素，有效地进行沟通，争取完美地完成和对方的沟通与合作。

正如西点军官所说，有效的沟通是西点人建立高效团队的前提，沟通也是西点合作能够取得成功的前提。

假如你不善于与人沟通，那么从现在开始努力吧！只有与人巧妙地沟通，才能与人进行良好的合作，也才能使得双方都具有团结合作的意识。

沟通是每个人都要面临的问题，因为在社会上就少不了与人打交道，所以每个人彼此都应该有所了解，应该在闲暇之余抽时间锻炼一下自己的沟通能力。只有这样才能真正把自己打造成一个具有良好沟通能力的人，也才是一个具有团队精神的人。

团队精神至高无上

说起西点人的团队精神，就需要提到西点军校的第三任校长，被称为"西点之父"的塞耶。接管西点军校之后，塞耶对西点的进行改革，采取了很多措施，很快西点军校就走向了正轨。但是如何增强西点人的团队精神，他却一直没有想好，但在通过他的长期观察，有一个想法逐渐成型了。

塞耶设想建立一种新型的学员团。在这个团体里每个人都能光明正大、公正合理地展开竞争，任何人都不可能采取不当的方式为个人谋取利益，有时候甚至以正当的方式谋取个人利益都是不允许的。塞耶认为培养学员的基本方法需要有斯巴达人训练战士那样的残酷纪律。

学员团的领导必须刚正不阿，同时能够与学员一起为一个明确的目标共同努力。塞耶强调，必须培养学员团队精神，因为没有这种精神就没有资格做一名军官。

为了让学员具备这种精神，塞耶提出了"拱顶石"的理论。拱顶石是，连接、维持、契合建筑结构的关键。用塞耶的话说，拱顶石必须是坚硬的石块，而这些石块，必须紧紧地结合在一起，这样才能无坚不摧。一旦培养出这样的"拱顶石"，学员团就会所向披靡，军校学员的素质就能有很大的提高。

塞耶以健全完善的规章制度为结合剂，把"拱顶石"理论在西点发扬广大。

他对学员学习、生活、娱乐等方面，对教学、管理、责任等所有的问题，都制定了一些具有建设性的制度。

为了让"拱顶石"更紧密地集合起来，塞耶又采用了一系列方法，让战术教官与学员之间的联系更加密切，让教官和学员打成一片。通过战术教官的作用，西点很快达成教学目标一致的理念。1820年12月，他任命中卫泽拜纳·J·D·金斯和亨利·W·格里斯沃尔德分别担任两个学员连的助理战术教官，与学员24小时生活在一起。他们关注着学员的一举一动，学员有什么意见，可以及时传达，成了学院与学员之间沟通的桥梁。这样一来，全校就能做到统一思想和目标了，这种体制促成了塞耶"拱顶石"理论的成功。

时至今日，西点人对促进合作、加强团结的精神已经越来越重视。入学之初，学员尽管来自不同的社会阶层，有着不同的肤色、信仰、教育背景，但很快就会成为这个大集体中的普通一员，谁都没有特权。

他们被分配到各自的训练营，整个下午他们都在接受一个速成科目训练，学习如何按照低音鼓的节奏列队行进。就这样半天不到这些新学员便融为一体，甚至能为前来观礼的师友们演奏"西点进行曲"！

巴克纳营地的生活条件相当艰苦。这个树木丛生的偏僻场所少有人迹，而且十分潮湿。死气沉沉的林区里有一座"二战"时期建造的营房。这里的蚊子非常多，而且很大，有些大的甚至能搬动小动物。训练也有让人振奋的地方，不管是低年级还是高年级，西点学员在夏季里最感兴趣的，就是始终能与真正的陆军部队一起训练。

巴克纳营地的受训经历，让这些西点学员明白一个非常重要的道理：每个人都能贡献"与众不同的"才能，这些力量融合到一起，便能很好地完成某些训练任务。例如每个班都有一个能说会道的演讲者，专门负责鼓舞士气和与陌生人交流。总之，在一个班中，有各种各样具有特殊才能的人，少了谁都会使得队伍的力量大减，只有全部团结在一起，才是一个完整和具有战斗力的团队。在巴克纳训练营，障碍跑道这项训练是最好的培养学员协作精神的方式。

障碍跑道是二年级学员在训练营必须完成的科目，它的训练是以班为单位的，要么全班通过，要么全班都不及格。在一个场地内，按不同高度、不同距离布置了很多固定的柱子，还有很多长度不同的木板。要想成功地通过这些柱子，就必须讲究放置木板的方式：一旦所有人通过一两个木板后，这些木板便可以用不同的方式重新组合，以便顺利通过下一组柱子。在这里策略是很重要的，因为没有机会回头再捡东西，为了前进有时必须将木板丢在身后。

此外，班成员必须想好谁在最前头、谁能帮助其他人通过障碍，因为有时候体力是决定胜败的关键，而有时候体型较小的人走在前面反而可以扭动着穿过障碍物，并安放某块木板，以备体型较大的成员通过。这种练习有一个很鲜明的特点：每个成员都大声提醒，每个人都会用自己的强项帮助别人，全体目标一致：到达终点。要想到达终点，靠个人是不行的，不管他有多敏捷或健壮，只有合作才能全部通过。

通过这样的训练，西点学员认识到了合作的重要性，也知道个人永远没有团队的力量大，团结一心才能提高协同作战能力。这种在实际行动中所亲自体验到的团队力量，是最好的锻炼学员合作精神的方法，因为他们亲眼见证了具有团队精神的集体，可以实现个人无法完成的任务。

一样的价值观和一样的目标，尤其是荣誉守则，共同构成了西点团队合作的基础。对于西点学员来说，在团队行动中都只有一个目标，不会去考虑个人利益或者勾心斗角。

一加一等于二，不过有时候一加一却可能等于三，等于四，甚至是一百或更多，这就是团队合作的巨大作用。在工作中，有些人害怕别人赶上自己，习惯了独自奋斗，以为这样一来就可以把别人远远地抛在后面，却不知这种做法不仅害了自己的团队，也失去了使自己进步学习的机会。

在专业化分工越来越明晰、竞争日益激烈的现代职场，团队与团队的竞争、企业与企业的对决成为主流，崇尚团队合作是现代职场人士获得成功的保证。对于企业来说，一个懂得和他人配合的员工才是对企业最有用的人，因为他不仅善于借助团队的力量来成就自己，而且能够带动团队成员一起进步。

美国作家韦伯斯特说："人们在一起可以做出单独一个人所不能做出的事业。指挥、双手、力量结合在一起，能完成所有的任务。"

一个不懂得合作的人，不仅不能很好地完任务、获得个人进步和能力的提升，反而可能成为阻碍团队发展的因素，那么他的结果只能是被淘汰。

在西点军校的体育馆墙壁上有这样的口号：

今天，在友谊的运动场上，我们播下种子；

明天，在战场上，我们将收获胜利的果实。

西点军校设置了大量的团队活动，帮助学生们建立友谊和团队精神。而所有活动中最为著名的就是西点军校的"毕业墙"，说起它就不得不说起发生在西点军校第四十六期毕业生中的一个故事：

在西点第四十六期学员毕业的前一天晚上，他们执行离校前的最后一次水上巡逻任务。因为是最后一次巡逻，学员们没有认真的驾驶，这导致巡逻艇撞上了正在海面上航行的油轮。当时是深夜，没人注意到这件事。

当时所有参与巡逻的学员都陷入了险境，要想活下去就只能爬上油轮高达4.2米的甲板，不然的话就会葬身海底。在艇上没有任何攀岩工具，学员们靠着搭人梯的方法爬上了甲板。

后来学员们把事件报告给学校。校方由此也受此启发，在学校的训练场上搭起了高达4.2米的墙。以后每一期学员都会分成若干个组，在一定的时间内全部爬上高墙才能获得毕业证书，所以这面墙才有了"毕业墙"的称号。

时代需要英雄，更需要伟大的团队。一个人的智慧再高，能力再强，也无法做到掌握一切，也代替不了一个高效的团队。只要团队能够取得成功，那么个人就能取得成功。

一滴水怎样才能永不干涸？正确的答案是，把它放进大海里去。这个答案让人感慨良多：一个人再完美也不过只是一滴水，而一滴水总有干涸的时候，但是把这滴水放进大河或海洋里，那么水永远也不会干涸。如果把人比作水滴，那么团队就是大河或大海，将每一滴水融入其中就不用担心干涸。

每年的秋天大雁都会成群结队地飞去南方，第二年春天，它们再飞回来。在飞行的途中，它们可能会遇到猎人的枪口，受到狂风暴雨的洗礼，也可能遇到电闪雷鸣以及寒流的威胁，但每一年它们都能成功往返。这是如何做到的呢？

它们会整齐地排成人字形在天空中飞行。有关专家研究发现：雁群人字形时，比孤雁单飞时提升了71%的飞行能量，因为在雁群中，当一只大雁拍击翅膀时会为后面的大雁制造上升的气流。当领头的大雁疲劳时，它就会退到人字形队伍的后方，让别的大雁占据领头的位置，后面的大雁则会发出"嘎嘎"的叫声，为前面的大雁加油鼓劲。

如果某只大雁不小心掉了队，那么它马上就会感到独自飞行所遇到的阻力要比在雁群里飞行所遇到的阻力大，因此它会立刻寻找雁群，以减轻自己飞行的阻力。而当一只大雁由于生病或受伤而掉队时，总会有两只大雁随它一起飞落到地面，协助并保护它，直到其康复。然后它们再组成一个小"人"字形去追赶雁群，或者加入新的雁群。

对于大雁来说，互相合作是一种生存的技巧，大雁脱离团队就会遇到重重的困难，而融入团队就比较安全。在十分危急的情况下，更应当发扬团结协作的精神，只有这样才能获得最大的生存机会。

第四章
有效指导

　　我们大家都面对着许多希望，然而这些希望却都天衣无缝地被乔装成万难攻克的关隘。

　　——恰克·斯威道尔

团队实施的窘境

社会学实验表明，两个人以团队的方式相互协作、优势互补，其工作绩效明显大于两个人单干时绩效的总和。然而，团队蛮干或失败原因的著述也有不少，并且矛头大多指向管理层。其中，许多评判恰如其分。缺乏长远眼光、没有投入足够的时间和财力、培训草草收场和给予的指导太少等都是团队归于失败的通病，都是经理人只想结果而不愿变革造成的恶果。

反观团队本身呢？管理层要躬身自省，团队也要对自身的问题和缺点负责。在许多因实施正规的团队构建而面对挑战的企业里，这句话已经成为不时听到的话语了。它代表着各行各业的许多企业，虽然其中的企业意识和情形表现各异，却因为所产生的问题呈特定的模式而面临着相似的困境。事实上，当企业没有充分考虑整体意识而实施团队构想时，企业就会陷入一种进退两难的窘境。接着我们就会针对在团队实施过程中常见窘境的表现形式进行讲解。

等级形式

现代管理中越来越注重团队这一概念，管理专家建议重新构建组织，以便利于团队工作，领导者也向组织阐述团队工作方法的好处和重要性。20世纪80年代和90年代，经营管理方面的流行术语是组织文化（Organizational culture），现在团队工作（teamworking）则成了管理界推崇的理念，有趋势表明，过去统治整个世界几百年的科层制将逐渐消失，代之而行的是以团队为基础的工作模式。

尽管我们如此强调，但我们还是要知道等级形式的症状来自于企业内部的多个层面。例如，高层管理者的观点总表现出相异于中层管理者或团队领导，以及企业员工或团队成员的观点。然而，在每一个等级之中，发生的情形又常是相似的。

高层管理者：在高层管理者当中，尤其是那些发动人们进行正规团队结构改建的管理者，他们寄希望于生产力、创造力、应变灵活度、成本节约等方面情况的变化，认为团队精神会提高效能，会促进士气的增长。然而，在实施团队计划之后，他们中的许多人可能会感到这种组织形式并没有使他们的希望兑现。一些高层管理人员尚不能完全明白问题的症状——客户的埋怨、预算超支或逾期交货——然而他们感觉到了有什么地方不对劲。令人难以置信的是，许多高层管理人员并不明白问题就出在团队构建和团队合作的本身。他们经常出于自身的利益或者是害怕受到直接向他们汇报工作的人报复，而置身事外或不闻不问。

处于其他一种情形之中的高层管理者发现，自己穷于应付向自己直接进行工作汇报的下级人员之间的不和与纷争，这一情形可能是一些想要保留局部利益的人所造成的。由于他们无法获得对他们有利的解决办法，于是争权夺利或鼓动说服上司支持他们。可想而知，这种行为会不会满意地体现团队的效用呢？

悲哀的是，在许多情形中，高层管理者对为何要实施以及如何实施正规团队构思认识不一。他们依然我行我素，对他们分管的部门所下达的指示完全出自个人的意愿，他们的决策通常反映的只是他们自身，一个仅能注目于组织个别局部的狭窄视野，他肯定无法代表或反映整个组织。

中层管理者：在中层管理者努力实施团队构建工程时，有自己的一些观点。新型的组织结构，比如像矩阵组织或团队结构，使他们感到丧失了控制他人的能力。他们主要表现出的忧虑是："假如我对他们不具任何权威，我怎么来管理这些人呢？""假如我不能对他们的工作表现进行直接的监控，我怎么能使他们各就各位地把工作做好呢？""这种要使全体人员一致同意的决策过程得花很长时间，这样做值得吗？"

那些以往表现出色的中层管理者对于贯彻他提出的要求感到没有信心，有时会对企业进行变革的必要性提出疑问。他们不明白在新的团队环境中进行不同管理的真正含义，他们如何能在心理毫无准备的情况下来改变工作方法呢？他们现在的工作与过去的工作有何不同？他们需要明白的新情况和掌握的新技能是什么？为什么就应该是他们最先发生变化而其他的人——甚至他们的上司——都无须做此努力呢？这些问题，假定不加以回答的话，就会使中层管理者的处事方法依然如故。

团队成员：在团队成员和企业中其他人感觉到自己也处于一种相似进退两难的境地。他们当然对他们所说的"团队这种东西"表现出怀疑。具有典型意义的是许多成员并不确切地知道这一新的动作方法中企业对他们所寄予的期望有多大。这对一些团队成员来说令他们丧气，而对另一些团队成员来说则令他们感到高兴。对许多人来说，由于他们不知道在情况各异的团队条件下，人们对他们的行为要求也是各异的，这就使他们在试图"干好工作"时感到了无形的压力，同时又浪费了精力。然而这又使他们有正当理由回答："没有人告诉我你要我做这事。"不管他们是处于这两种情形的哪一种之中，员工们都没有请求领导明确任务要求。一些人继续沿用老一套的方法等上级告诉他们；还有一些人认为他们明白领导的意图；再有一些人希望永远不要有人向他们明确任务要求。这就又形成了一种情境，在那里，各种新的行为是根据人们各自的猜测与喜好而定的。

如果想使团队合作产生良好的反应，团队成员就要共同规划、遵循和执行自己团队的制度。只有这样，当我们面对任何变化时，企业员工才能有更好的约束力，这样才能使团队合作所表现出的一些怨恨与不满得到平衡。鉴于当今企业被迫采取的转变形式的数目与种类之多，而这些转变又不可避免地形成了对团队合作的反应，员工们的否定态度也就不足为怪了。

另外，某些员工为了致力保住他们的工作而走到了另一个极端，尽力发出自己的光芒，以扩大自身的利益，而不管这样做对他人有何影响。他们的自私和自我成功的追求对于团队的损害都是巨大的。

　　所以说，我们一定要让团队成员明白合作的意义。换句话说，他们需要自如地交流观点，学会做选择，讨论可行的方法，并表达他们的真实想法而不会有人威胁或嘲讽。团队需要这样的合作理念，通过公开讨论推广并使之成熟起来。团队成员应该相互鼓励，让每个人都有机会向团队贡献一份力量。

企业形式

在大多数企业组织中，建立团队和培训员工是管理层的一件大事。但对员工个人来说，这更是件了不起的大事。他们大多数都从未受到过上司的如此关注，感到自己更重要、更受重视了。

当然这也会导致产生不现实的期望，反过来又会带来沮丧感。美丽的泡影破灭时，新团队会认定他们被管理层误导了，就会一心想做出格的事（如自行制定生产定额），全然不顾自己该解决的问题（如确保每个员工无须主管监督准时上班）。因此必须时时提醒这些团队，他们的主要职责是将工作干好，而不是去关心公司的产品价格等问题。在这样的情况下，我建议那些有此行为的人士不要过分渲染团队概念，而应该让大家首先了解工作内容，告诉团队最初应去解决自己"影响力范围"内的问题，即围绕他们直接投入和产出的环境。团队开始探听他们职责范围外的事情时，团队成员的投入就没什么用，因为他们对流程知之甚少。

内容不明确、自相矛盾的指示是团队结构实施问题中的主要问题。一些高层管理者们总会指责为"言行不一"。他们会说："好啊，团队！"并在口头上支持这一形式，然而也就仅此而已。他们似乎不会身体力行地致力于他们在彼此间或面对企业员工时所拥护的团队合作，而往往在行动上依然我行我素。许多高层领导者经常对企业内部未经解决的冲突不加理会，而外人却能注意到这一冲突，并且感觉到对企业带来的不利影响。企业领导者对团队结构支持不够还表现在他们对直接进行工作汇报的人们的交往态度中。

通常，许多部门被改组成了团队，可依然如同一个等级机构。团队已经形成，而团队的领导者，他可能是也可能不是一个以往体制中的领导人，却承袭了他或她非常熟悉的独裁领导者的方式。尽管这位团队领导者过去可能反对这种领导作风，然而这却是他或她最熟悉的方式。与此相对的另一个极端是团队领导者躲避指导与管理的职责，不愿意指挥他人，为的是不要"强制"团队成员。他们宁愿承担由此产生的后果也不愿意让人感到"官气十足"。这些态度都不利于最佳团队配合的实现。

企业团队实施中自相矛盾的意义是有关报酬和企业对团队及协调配合的认同。当报酬并非与团队成员所要求的行为同步时，一些常出现的想法是："还提什么团队或团队配合的成功呢？我们作为个人不是依然获得报酬了吗？很明显，这并非如他们所说的那么重要。""只有我们几个在卖力地干，其他人都在混日子而已，而没有人对此注意或在意，也没有人来解决这种问题。"可能企业内部并不具备任何有效的手段来强调团队配合，对团队的成功不予奖励，没有一项工作检查能反映出对团队及对团队配合的期望，在工资、奖金或激励手段方面也没有一项有利于团队工作的调节措施。当团队成员的工作与他们的要求差距甚大或毫无起色时，可能没有强制的惩罚手段或激励手段。不具备任何指导准则或不具备阻止消极行为的控制手段，构建的团队就会受损。同样，不承认或不以报酬的形式来奖励工作积极的模范，构建的团队也会受损。

所以说，要想让团队最终成为一个自我管理的单元，就要制订计划，就要告诉团队完成这个计划的时间范围，就要告诉团队如何达到这个目标。让他们知道一旦有新想法被摆上桌面，团队成员就必须知道如何去对新想法做出决策。在这样一个团队中，最好的决策就是团队共识。这就是说，团队成员要坚持讨论所有的问题，并在讨论的基础上达成共识，然后采取最符合当时情况的行动。并直截了当地告诉团队，工作仍是工作，不是一个职位或流程。团队成功最关键的标准是完成工作的能力。

团队形式

团队工作中非常重要的是让团队成员都用心理解团队理念。每个成员是否接收到和领会了信息，团队是否顺利前进和是否用心管理团队运作是成功与否的关键因素。

但有一点我们需要记住，有很多技能是可以增强团队效力的。团队可以学习这些技能，并获得提高。这就是我们将要向你阐述的。由于团队成员通常对彼此的背景和技能缺乏大体上的了解，他们也不明白除了传统作用外，他们为使团队达到目标还能出上什么力，团队成员的才能自然就未被充分运用。这可能会形成一种冷漠或烦恼的氛围。经常，团队成员对此做出的反应是说："那是很典型的，让他们自己顾自己吧！"并且他们再也不愿提供有价值的信息或经验。

如前所述，倾向传统的领导方式和传统企业员工工作态度的观点盛行。两者都影响到团队行使职能的方式。一些团队的成员期望和喜爱传统的独断独行的领导作风，而其他的成员们则憎恨传统的独断独行的领导作风并与之作对。许多团队成员在"干他们自己的事"，在自己的地盘中为完成自己的分内活儿而工作，只是偶尔地核对一下工作进度或召集一次会议。很多人依然感到团队会议是浪费时间，而最好还是各自干活，认为交流只要通过电子邮件或备忘录就行。

一些人可能并没有认真干活，而其他一些人可能过于努力，干得太多。一些团队成员时常对他们的工作不负责任，没对团队做出贡献。大部分人紧紧抓住这一观念不放。传统的企业员工和管理人员对个人贡献的思维定式妨碍了团队获得成功所需的共同责任感和自律意识。责任心成为一个严重的问题。

解决冲突，控制相异之处而取得一致是大部分团队面临的主要挑战。它们反映了以往的组织规范和认同的行为同新的组织规范的较量，而这种新的组织规范是团队组织获得最佳运行效果所必不可少的。团队成员应该将冲突当作一个发掘差异、从不同角度思考问题的机会，而不是将意见分歧扩大为争执。在团队里，没有人会在争论中获胜。

团队结构实施过程中的谬误

团队结构实施过程中的谬误依然流行，很有市场，它们通常会构成阻碍企业成功实施团队结构的障碍。

有关团队协作的谬误：这是与团队协作有关的最为盛行的谬误。人们真的相信团队协作会自然而然地形成。毕竟，人们过去都在团队干过，因而团队协作能轻易形成并非是什么大不了的事情！与此谬误相伴而来的一些假聪明的人或有些持有高等学位证书的人自作聪明地认为他们应该能领悟到这一点！

如果团队间的协作没有很快发生的话，谬误会随着时间到来："如果我们继续对此努力，坚持下去，毫不松懈，这肯定会奏效。"假定这还是没有效果的话，那么有关人际矛盾冲突是团队协作的最大障碍的错误观点就会抬头。换句话说："作为团队领导者，他存在的唯一理由就是保持团队的合作；作为团队成员，他们是团队合作的参与者和保持者，如果我们能够做到这一点，那么，我们肯定会是一个高效率的团队！"然后还会有出去娱乐旅游一下的错误想法："让我们过得开心些，攀登一些山峰，那样的话，我们回来时就会是一个高效的团队了。"

好了，请不要误导我们。在这些错误观点中有一些合理的成分，然而没有一种观点能保证高效团队的形成。例如，时间确实会帮助一个团队产生凝聚力，并使团队成员彼此了解，笑声和欢乐会导致和睦。人际冲突确实会冲垮一个团队。聪明人能聪明地理解团队的概念。然而，一个高效团队的运行机制需要新的各种各样的技巧和技术，需要与新的组织规范相配套的工作方法。这些谬误淡化了人们对真正问题的关注。

有关变化的谬误：这是另一种错误思潮，这种有关变化的谬误是与许多管理人员的观念有关的。他们认为，如果他们拥护团队协作，团队协作就会发生。或者是管理人员认为如果他们讲到这一点，并做到这一点，那么其他人当然会明白其中的含义并跟着做的。

事实上，我们上面所谈到的团队结构实施过程中的谬误均是受团队成员之间的协作所影响的。毕竟团队协作是团队精神的源泉，没有良好的团结协作意识，团队就很难营造核心竞争力和长期竞争优势。如果每一个成员都各自为政，自己干自己的事情，不关心其他成员的工作，也不配合其他同事的工作，成员之间必定相互推诿，并导致工作效率低下；如果没有强大的鼓励协作的企业精神做后盾，部门之间壁垒森严，部门保护主义盛行，团队工作就无法开展。

实施团队的典型策略

塑造团队精神很重要的一个方面就是要通过沟通交流让成员自己承担责任。一个团队能否认同对员工的授权，这将在很大程度上决定团队事业的成败。如果团队愿意给予成员相当程度的工作自由度，允许他们运用自己的方法和策略进行工作，而不过多地加以干涉，那么团队解决问题的能力就会越来越强。如果组织高层对团队事无巨细都要过问，那团队的创造机制就让高层抹杀了。从这个意义上讲，只有自由的团队才会是成功的团队。但是，值得强调的是，我在这里强调的自由并不是无组织、无纪律的团队，而是受团队制度约束的。

我们知道，团队常常会犯的一个严重错误，就是在第一次团队会议上就立即开始工作。这听起来有些奇怪吧？团队难道不应当做它要做的事情，以此来达到团队的目标吗？应当。然而，对团队而言，最明智的做法是先花时间制定团队制度。特别是在团队生活的开始阶段，团队需要时间来搞清楚如何共同工作。

另一个常用的策略就是要让团队成员明白，学习与否的选择权掌握在你自己手中，如果你选择学习，那么就要从今天开始，从这一秒钟开始。不要说不知道自己该学什么，值得你学习的东西很多，专业知识、公司理念、处事方法等等；也不要说你不知道自己该去哪里学习，学习途径也有很多，网络、图书、培训中心、学校，甚至就是你周围的每一个人、每一件事。学习是你的权利，学习也是你获得成长的重要途径，如果你轻易地主动放弃这一权利，那么你也将失去成长的机会。

还有一个重要的策略就是加强对组织成员的培训。通常来说，通过团队培训，可以增加团队成员的收入和发展机会。团队成员的收入与个人技能成正比，无论是通过公共教育系统获得知识，还是通过雇主提供的培训来获得技能，那些拥有高新技能的员工通常都能获得相对较高的收入，职位的晋升也相对比较容易。因此，培训和发展对个人的职业发展机会非常重要。通过团队培训，可以促使团队成员接受变革。任何团队都不可避免地会受到竞争对手以及团队内部的压力，在巨大的压力面前，团队一般都会发生不同程度的变化，而且这种变化是经常性的；通过团队培训，可以帮助团队成员认同团队文化，这也是我们提出的一个核心问题。它意味着企业着手改变的团队氛围可能与现存的政策与实施方法不相一致。它还意味着要正视可能不利于实现团队目标的员工们的"生存心态"。

其他一些被企业采用的方法都偏重于为团队协作创造机会。他们的做法是通过团队协作模式对个人素质有较高的要求，成员除了应具备优秀的专业知识以外，还应该有优秀的团队合作能力，这种合作能力，有时甚至比团队成员的专业知识更加重要。

最常用的方法一直是对团队管理者和员工们进行有关团队合作的培训。其中最为通常和最为严重的缺憾，则一直是没能对企业文化进行关注，没有一个为正规团队观念的形成而制订的改变企业文化的计划。一种好的企业文化并不鼓励团队成员想干什么就干什么，或者是什么都不干，而是结合一定的激励措施，让团队成员能够自觉、主动、积极地去承担团队的责任。在不影响组织整体利益和其他利益的前提下，团队成员可以选择自己的方法和手段，相对自由地开展自己的工作。

第五章
打造卓越团队

企业文化的变化不一定带来改进，而改进却必定给企业带来变化。

——摘自《简单：构建企业文化就这么简单》

团队管理

前面我们已经讲到过一个合作的、目标专一的、执著进取的团队不管遇到多大的困难，也一定会取得进步。我们同时也强调，团队精神形成于三个相互联系的因素：共同的目标、互补的技巧和能力以及共同的责任。

共同的目标会产生动力和活力。一个渴望实现共同目标的团队就是一个充满活力的团队。共同的目标可以把个人的意愿凝聚成团队的意愿。

互补的技巧和能力使企业团队充满和谐，他们都会在不同的工作岗位上感受着不同智力、体力、经验和动力的结合，这种难以描述的完美结合创造了成功。强调这种结合，并激励构成这种组合的团队，往往会创造惊人的绩效。

共同的责任来源于互补的技巧和能力。在一个团队组织中，只要明白责任心就是责任感，就是敬业态度，那么，这个团队就为队员创造了一种团结一致、积极向上的氛围。

两年前，我曾经用心地去读一本名字叫《致加西亚的信》的书，读完之后，这本书给我的最大震撼就是主人公罗文那种完成工作的责任心。他在接到麦柯金总统的信时，并没有问加西亚在哪儿，怎么去找他，他要做的就是一件事，如何把任务完成。有人说，人生最大的财富有两个，一个是责任感，另一个就是忠诚和敬业。他们认为一个团队的成功要靠团队成员的团结一致。鼓励公司中的所有成员在追求共同目标的道路上相互支持、互相帮助，这会进一步加强团队的凝聚力。

所以说，作为管理人士，我们每个人时时刻刻处在各种团队中，而实践证明团队有着巨大的潜力。越来越多的组织已经发现，相比其他工作方式，以团队为基础的工作模式可以取得更大的成绩。在企业部门实行团队管理后，生产水平提高，利润增加，公司销售额猛增并推进了经营战略；在公共部门实行团队管理后，任务完成得更彻底和更有效率，对顾客的服务质量也有大幅度的提高。有报告表明，无论是企业还是公共部门，团队工作提高了员工的道德水平。在一个优秀的团队中，其成员会把集体的利益放在第一位，把个人的成功升华为团队成功的一部分。

接受团队的理由

当团队成员的能力都得到充分发挥时，这个团队才会更好地合作。因此要调整自己的培训方法，使其更适合团队成员的特点。

首先让我们来看看团队业绩不错的几个原因，这是团队为什么在组织中被广泛应用的理由。

第一，团队能把互补的技能和经验带到一起，这些技能和经验超过了团队中任何个人的技能和经验，使得团队能够在更大范围内应付多方面的挑战。

第二，和个人相比，团队能够获得更多、更有效的信息。目前环境变化得越来越快，需要组织掌握更多有效的信息以做出决策。在团队形成自身目标的过程中，团队的运作方式能建立起解决问题和提出倡议的交流方式。团队对待变化中的事物和需求是灵活而敏感的。因此，团队能用比个人更为快速、准确和有效的方法扩大大型组织的联系网，根据新的信息和挑战调整自己的方法。随着市场变化的加剧和产品的不确定性，这种交流的重要性越来越在组织中体现，使得团队开发成为必要和可能。

第三，团队方式为管理工作的提高和业绩的取得提供了新的途径。团队绩效的差别源于团队成员承担团队工作责任的程度。高绩效团队中的每个成员都是精于团队合作的。还有就是团队成员必须要对冲突泰然处之。你要意识到，即使团队工作进行得很顺利，冲突也是会议讨论的一部分。聪明的做法是将冲突看作讨论桌上孕育的各种不同见解的副产品，而愚蠢的做法则是带着强烈情绪去对待冲突。如果你的团队变得更加有效率，那么请宣布这个改变，指出这个改变将如何对团队产生积极作用，并鼓励团队成员继续努力，这就是使团队成员克服障碍、取得业绩的原因。换句话说就是工作的意义和努力使团队深化，直至团队的业绩最终成为对团队自身的奖励。

第四，团队中的工作能具有更大的乐趣，而这种乐趣往往与团队业绩是一致的。我们遇到的团队中的人员无一例外，也不用提醒就会强调他们在一起工作的高兴事。当然，这种高兴事包括聚会、新闻发布会和庆祝活动。当然，任何聚成群体的人们都会搞个好聚会。而团队的高兴事与那种聚会的区别就在于它支持了团队的业绩，也因团队的业绩而得以延续。例如，我们常常看到在那些有最佳业绩表现的优秀团队中，存在着高度发展的工作幽默感，因为幽默感能帮助人们对付最佳业绩表现中的压力和紧张。我们也总能听到这样的说法，最大的也是最让人感到满意的事情，就是"成为比我个人更重要的某种事物的一部分"。

第五，在团队的情况下，人们对变化的出现也较有准备。首先，团队中的人们都要对集体负责，变化对团队的威胁并不像个人对付变化时那么大。其次，团队中的人们有灵活性，他们有扩大解决问题范围的意愿，团队为人们提供了比那些工作面窄又受层级制限制的小组大得多的增长和变化余地。最后，团队也重视业绩、团队成果、挑战和奖励等因素，并且支持试图改变用以往的做事方法做事的那些人。

结果，在各种组织日益频繁遇到的广泛变化中，团队有助于使自上而下的领导方法集中于企业的核心竞争力方面，使团队成员意识到企业的发展方向是什么，从而建立和维护一个完整的团队，在这种情况下，一旦团队开始工作，就能够将一种处于萌芽状态的理想和价值观转变为一致行为，因为团队依赖于人们的共同工作。团队也是在整个组织内培养共同目标最为实用的方法。团队能使各级管理人员负起责任，而不是削弱他们的作用，能使他们在跨组织内的各个领域中推动事物的发展，并带来多方面的能力以承担各种难题。

事实上，我们听说过的大多数"未来的组织"模式，如"网络化组织"、"集群组织"、"非层级化组织"、"横向组织"等等，都是以超越个人的团队作为公司的主要业绩单位为前提的。根据这一先决条件，在管理人员寻求以更快更好的办法向客户或者竞争性的挑战分配资源时，主要的基本板块应该是团队，而不是个人。这并不是说个人业绩或个人责任就不重要了，相反，对管理人员越来越大的挑战反而是要摆正个人与团队的关系，不要偏向一方而排斥另一方。此外，个人的作用和业绩也会成为团队要更多开发利用的方面，而不是各级管理人员要开发利用的方面。也就是说，在许多作为例子的团队中，是团队而不是管理人员在考虑那些团队中的个人应该做些什么，他们会干得如何。

抵制团队的理由

你是否有过身在某个团队却期望不属于这个团队的时候？每个团队成员都有过这样的念头。当团队成员感觉他们在浪费时间时，如果能躲开，他们就不会再参与了。最不幸的是，虽然我们已经看到，团队的应用在组织中获得了极大的成功，大多数人都能同意这一点，然而，当他们自己遇到运用团队方法的问题时，却大都不愿依靠团队。尽管我们周围满是证据，能证明团队在管理行为变化中最佳业绩表现上的重要性，但许多人在自己遇到业绩挑战时，还是要贬低、忘却并公开怀疑对团队的选择。我们不能完全解释这种抵制，我们也不要说这种抵制是"好"还是"坏"。但是，这种抵制的力量是强大的，因为它以根深蒂固的个人主义价值观为基础，这些价值观不可能被完全消除。

人们不愿接受团队的三大原因是：对团队能比其他组织形式工作得更好缺乏信心；个人的作风、能力和好恶会使团队不稳定或不适应；薄弱的组织业绩理念破坏了团队生存的环境。

1. 缺乏信心

我们都知道公司里绝大部分的员工都不快乐。为什么会这样呢？其实这种群体情绪是在员工中慢慢扩散而成的。身为领导者必须与之抗争，经常以积极的感觉和态度取代那些负面的感觉。

一句令我受益较深的话是："好人从不赶尽杀绝。"我觉得这么说实在是太可贵了。这句话千真万确，那些为求成功不择手段、放弃良知的人，我为他们深感遗憾。就算那些手段能带来成功，通常也是短暂而无法持久的。最后带来的只有失败，因为你在扶摇直上时，树立了太多的敌人。这样你是不可能觉得开心的。有些人并不相信团队真的能比个人干得好，除非是在不寻常或是不可预料的环境中。有些人认为团队带来的麻烦比带来的价值要大，认为团队成员在劳而无功的会议和讨论中浪费时间，而且实际产生的牢骚比建设性的意见多。还有些人认为，要论人际关系，团队大概是有用的；但是要论工作、生产成果和决定行动，团队就是个麻烦了。也有人认为，把协同工作和授权的概念广泛应用于一个组织时，就会取代对具体小组人员业绩的担心，或是取代对他们进行约束的必要。

从这一点来看，大多数人对团队都有许多共同的良好感觉，却没能严格地运用团队。譬如说，人们都知道，没有共同目标团队就极少能够发挥作用。然而，还是有太多的团队轻易地接受既非严格的、精确的、现实的，也非大家真正公认的目标。况且从另一方面看，"团队"这个词在工作中用得并不十分准确，大部分人仍然不理解是什么原因构成了真正的团队。一支团队并不只是在一起工作的一组人员，委员会、理事会和工作组也未必就是团队，不能因为人们把某一组人员称为团队我们就说它真的是团队。任何大型复杂组织中的工作人员从来就不是团队，整个组织可以相互协同工作，可以按这种方式开展工作——但是协同工作和团队还不是一回事。

大多数高级管理人员都公开表示赞成协同工作，而且他们也应该如此。协同工作代表了一整套工作方法，包括鼓励倾听他人意见并对他人的观点做积极反应、让他人得到提出问题的好处、给需要支持的人支持以及承认他人利益和成就等等。一旦实施了这些做法，这些价值观就会帮助我们增进相互之间的沟通，也使工作更富有成效，因此，这些价值观也是正确和宝贵的。显然，协同工作的价值观有助于团队的表现。团队也能促进我们作为个人的业绩和作为整个组织的业绩。换言之，协同工作的价值观，就其自身而言，并不排斥团队，但并不能保证团队的业绩。

团队是业绩的执行单位，不是一套价值观，团队是不同于个人或整个组织的业绩单位。一个团队是少数有互补技能、为了共同目的和具体业绩目标共同工作的人（通常不到20人）。团队的成员都必须愿意为了实现团队的目的而一起工作，并且愿意为了团队的成果而相互协同工作、相互支持。如果只有协同工作的话，还不能构成团队，所以当高级管理人员称整个组织是一支"团队"时，他们实际上是在提倡协同工作的价值观。这里非常值得注意的是，这种概念的混淆会引起混乱，导致一事无成。那些把团队说成主要是为了使人们感觉良好或相处得不错的人，不只是把协同工作与团队混淆起来，而且也忽视了真正的团队与非团队的那个最根本的特点——目标致力于业绩。

团队因业绩上的挑战而繁荣兴盛，没有挑战便寸步难行。没有根据业绩来衡量的目的，团队就不能长期存在，不能培育和说明该团队继续存在的合理性。正如许多公司在实验了"质量圈"之后留下许多不愉快的感觉一样，为了成立团队而建立的很多群体，在工作培训、沟通交流、组织效率，乃至优越性方面都极少能成为真正的团队。尽管质量代表了一种令人羡慕的目标，但是质量圈却常常难以把具体的可以实现的业绩目标、圈内人士的集体努力联系起来。

我们猜想，忽视业绩的问题在很大程度上也解释了表面化团队的失败，并进一步导致了人们对团队信心的缺乏。例如，彼得·德鲁克就曾经引用通用汽车公司、宝洁公司、施乐公司及其他公司的一些困难，甚至批评过"建立团队"的努力。毫无疑问，团队和团队的努力有时候会失败。但是，这种失败常常是因为没有坚持那些可以让团队成功的约束原则。换句话说，这种失败大致可以用思想不明确和做法不合理来解释，而不能证明团队是一个无法取得优异业绩的单位。然而，不管有什么原因，这种令人失望的被称为团队群体中的个人经历，会削弱人们对团队的信心。我们中的许多人都曾注意到，高级管理人员曾经有建立团队的良好意图，但由于一些原因遭到失败并受到冷嘲热讽，这些人和组织中的其他人可能会对团队渐渐变得悲观和小心谨慎，甚至产生了敌意。

2. 个人不适以及风险

许多人担心或讨厌在团队中工作，有些人是独行者——在只剩他们自己时才工作得最好，这些人是科学研究人员、大学教授或专业咨询人员。但是在企业中，大多数不适应团队的人是因为他们发现团队方法太费时间、太不稳定或者风险太大。

有人这样评论说："我不愿意和那些我并不怎么熟悉的人或者我不认识，也不知道是不是会喜欢的一帮人一起开会和相处，一个人工作已经不容易了，何况是大家一起掺和，我可没工夫干这种事。"从这种观点来看，团队具有额外风险，这种风险会降低个人的成就和进步。有些人对大声讲话、和人一起工作感到不自在；有些人对群体的组成持怀疑态度；有些人则怕做了承诺又没能力做到；还有许多人就是不喜欢那种和别人交流才能决策的工作方式；有些人无法忍受他人所犯错误的后果，正是因为这些担心和个人不适，造成了组织成员对团队的抵制。而对于一些管理人员，这一点表现得特别明显，如果自己当不上团队领导，就感到很难再加入团队，这些管理人员感到特别无法适应团队工作。

极少有人会否认协同工作的价值观的好处，或者否认团队对业绩潜在的良好影响。但是，许多人在心中仍然喜欢个人责任和业绩，而不喜欢任何群体形式的责任和业绩，不论那是团队还是别的什么群体。我们的父母、老师和其他长者，从我们小时候就开始特别强调个人责任。我们一直是在根据个人成绩，而不是集体成绩来衡量（学习成绩）、奖励（认可）和惩罚（到办公室谈话）的制度下成长起来的，一直是以名次来决定人生道路，这造成了不论我们什么时候"想做成点事情"，第一个想法就是要承担起个人责任。

那么，即将要加入到团队的个人产生强烈的焦虑也就没什么可奇怪的了。并不是我们的文化中缺少了团队和协同工作。从《三国演义》到《西游记》和《星际漫游》，我们曾读过、听过和看过许多著名的团队的故事，它们都完成了难以完成的任务。我们从事的大多数体育活动都是团队的活动。我们的父母和其他老师也曾向我们传授团队的价值观，并希望我们能去实践。但是，对我们大多数人来说，这些令人羡慕的、但却只能暗暗地钦佩的高尚品质，永远是我们作为个人的第二位的责任。个人责任和自我保护仍然是法则，建立在信任他人基础之上的分担责任只是一种例外。因此，不愿冒风险、也不愿把个人命运交给团队业绩几乎是与生俱来的想法。

3. 薄弱的组织业绩观念

不愿把个人命运交给团队的想法使大多数组织内的组织业绩观念普遍薄弱。这些公司缺少能从理性和感情上吸引员工的令人信服的目的。它们的领导人提不出让人组成这个组织的明确而且意义重大的业绩要求；更为重要的是，他们也提不出使人们信服的理由。对这个组织中的大部分人来说，这样的行为表明一个团队能否认同对员工的授权，这将在很大程度上决定团队事业的成败。最坏的是，这样的环境破坏了相互的信任和团队赖以生存的公开性。公司内部的人都知道，任何合乎逻辑的决策都必须由最高层领导来做出，而极少让执行这种决策的足够多的各层人员充分参与。权力争斗作为日常工作重点代替了业绩的位置；那么反过来，那些造成个人不安全感的权力争斗也不可避免地进一步侵蚀了应当建立团队方法的信心和勇气。

当然，上面我们看到的只是由于团队成员的个人因素及薄弱的组织业绩观念所造成的因素，其实在团队组建过程中，还有其他一些阻碍因素存在，这些因素是：

1. 来自组织结构的阻力

（1）. 传统的等级官僚体制限制团队的发展。因为它主张自上而下的管理方式，团队很多时候需要拥有相当的自主权，从某种意义上来说，是对传统组织结构的一种挑战。

（2）. 死板而没有风险的企业文化。企业是越稳越好，但事实上成熟的企业都鼓励边缘化的探索，鼓励做一些有风险的有益的尝试，这为企业未来的生存和发展带来新的渠道和发展路径，团队在这方面其实是一种很好的尝试。

（3）. 从信息传递来看，传统组织结构往往是自上而下的。而团队中的个体之间，成员和领导之间，甚至团队和团队之间都可以通过信息来进行传递，可能是自上而下，也可能是自下而上，甚至可能是在平级当中进行传播。

（4）.部门间的各自为政。传统的组织结构中有生产部门、销售部门、研发部门、客户服务部门，每个部门都有自己的部门职责，他们各自为政，不太喜欢相互融洽交流的团队方式打乱他们原有的阵地，但由此带来了许多问题和麻烦，公司的销售业绩上不去，销售部门说生产部门没有生产出合格的产品，次品率太多，卖不出去；生产部门说研发部门研发出来的产品没有考虑到生产的工艺和流程，所做的开发就目前的技术、设备和人员的技术是做不到的。研发部门说只有按照我们所设计的来生产才具有竞争力。这就导致了组织的堕落、衰退，但是，团队可以整合这些力量。一个市场研发的团队过去是由研发部门自己承担，但今天吸收了来自各个不同部门的成员：可能有生产部门的成员，他们来确定研发与生产工艺如何衔接；可能有销售部门的成员，他们了解顾客需要什么样的产品。今天的研发部门其实是一种跨部门的团队合作，只有这样研发出来的产品最后在生产、销售、客户服务等环节上才能被大众所接受。

2.来自管理层的阻力

（1）.管理层担心一旦有了团队，管理层就失去了应有的权力和定位。

（2）.组织机构不再需要他们了。

（3）.他们认为没有及时地授予团队权利和责任。

（4）.管理层没有及时提供足够的培训和支持。

（5）.管理层没有及时传达企业的总体目标并制定出相关的细则。

3.来自个人的阻力

（1）.既然强调团队的贡献，那么个人的贡献谁来承认？个人的成就感从哪儿来？

（2）.如果在团队中必须保持一种合作的态势，那么个性还能不能发挥？个人优势还能不能得到认可？

（3）.个人害怕团队会给他带来更多的工作。

（4）.团队成员害怕承担责任。

（5）.担心团队在一起工作时会出现新的冲突。

由此可以看出，在一个团队组织里，团队有时候会面对相当棘手的任务，很难成功地完成。在这样的情况下，团队成员一定要树立起信心，尽管一个团队可以放弃某个任务，承认失败，但是应该在所有的方法和资源都用尽的情况下才做这样的选择。大多数情况下，根本不应该考虑放弃。

团队建设的自信心

美国一家著名咨询公司曾经做过这样一个实验，在某所名牌大学计算机系的毕业生中聘用一些人为他们研制新一代的计算机产品。一开始，他们招聘的人数是实际需要人数的两倍。通过计算机随机分组，将这些人分成两组，其中一组被告知，他们将独立地开发、研制新一代产品，并向他们介绍说，通过对他们的能力进行测验和调查，认为他们完全有能力完成这个任务，随后将必要的设备交给他们，将具体要求提供给他们。

另一组的人员也被告知，他们的任务也是开发研制新一代的计算机，接着将与第一组完全相同的设备交给他们，并向他们说明了新一代计算机的具体要求，随后让他们开始工作。第二组与第一组唯一不同的是，公司没有向他们强调，他们是有能力完成任务的。

后来结果怎样呢？由于研制新一代计算机的任务在当时算得上是个难度较大的任务，因此，几天以后，第二组的一些成员便开始向领导提要求，要另找一些专家来指导，原因是有些东西他们在大学里没学过，不知道该怎么干。相反，第一组没有提出这样的要求。又过了一段时间，第一组拿出了他们详细的设计图，而第二组还在等待专家的指导。

从这个案例可以看出，在团队变得比较重要时，对自然而然偏重于个人责任的强烈信念给予修正是必要的。然而，用有意设计的团队来替代注重个人的管理结构和方法将收效甚微，甚至还有害，除非这个组织内已经有了强烈的业绩观念。如果这个组织确实有了这样的观念，那么使这个组织的重点离开个人转向团队，就能使团队的数量和业绩都大大提高，特别是在管理人员也知道该如何与团队打交道的情况下更是如此。但是，如果团队并不被看作是对业绩确实重要的事，那么这个公司里还是缺少有利于团队发展的政策。虽然总会有些团队涌现出来，但它们只是例外。由于团队和业绩之间有非常重要的关系，业绩观念薄弱的公司总会自己培养起抵触团队的态度。所以说，我认为在建设一个团队组织时，就需要注意到团队管理与传统管理的区别：

1. 在团队中，团队成员要有较高的知识背景和创新能力，他们属于知识型员工；没有满足团队目的和具体工作目标所需的全部技能，团队就不能成功。然而多数团队是在建立之后才发现所需的技能的。从提高现有技能和学习新技能的潜力这两个方面来选择团队成员，一定是明智的。

2. 信任团队成员。训练团队成员从事较高水准的工作，鼓励成员努力完成任务。不要因为他们一时失去信心，认为自己办不到，或者有时需要借助你的指导，你就把工作移交他人。一旦他们完成了这份工作，自信心将会大大增强。

3. 团队中没有管理者，只有团队协调人，团队协调人既可以是公司任命，也可以是团队成员选举产生；传统的职能部门有部门经理，一般部门经理很难更换。

4. 团队中每位成员的工作职责划分得很明确，就如每个人都有独特的个性一样，团队也是独特的。你应该找出自己所在团队的需求。

如果团队的需求同你喜欢和擅长的事不能相符，那么就去寻找另一个需要你才能的团队吧！

5. 团队协调人没有命令团队其他成员工作的权力，只是在团队内部发生冲突和团队对外交往时起到调解人的作用，团队协调人有自己的本职工作；职能部门经理对部门成员负管理职责，部门经理的主要工作是管理工作，有些部门经理甚至没有需要自己亲自负责的工作。

6. 团队协调人与团队其他成员属于平等关系，这种关系体现在如果你的强项正好是团队所需要的，那么你的强项就会有更广阔的发挥空间。假如你的团队最注重人际交往能力，那么你就应该确保自己能出色地与人交流。

7. 团队中的成员由于要对自己的岗位负责，所以有一定的决策权，并且他的意见可以直接向公司决策层反映；职能部门的成员往往听从部门经理的工作安排，决策权集中在部门经理手中，他们的意见往往也会反映到部门经理那里。

8. 所有的团队是平行机构，这点与职能部门相同。如果你能够处理好这层关系，你就会感受到在任何一个团队中，如果有一个或两个人能够引导团队最大程度地努力工作，那么他们就能推动团队提高绩效。

9. 团队的信息沟通是平行沟通。一个成功的团队不仅需要加强内部的团结与协作，同时还要加强团队内部的沟通。事实上我们都知道，管理的过程就是意见沟通的过程，任何组织或个人，一旦意见沟通终止，这个组织或个人也就到了消亡的时候。这也就是说，缺少了沟通的团体，就如同一潭死水，激不起创新的浪花，也掀不起创造的风暴，其命运也就不言而喻了。所以，在团队组织中，团队应该鼓励员工对团队的经营管理提出意见和建议，通过各种形式强化团队内的上行、下行及横向沟通。

团队组织比起传统组织有上述一些好处，但并不是每一个公司都适合进行团队建设。进行团队建设的两个必要前提是：公司中的知识型员工占绝大多数；公司中的年轻员工占绝大多数。这样的群体有较高的素质，并且官本位意识不严重，容易推行团队建设。事实上，每个团队都有自己的文化和组织结构，其决定了这个团队会怎样工作。明智的团队注重通过团队条例和准则，来塑造组织结构。

第六章
团队变革

　　一个团队，只有在竞争中打造一个好的团队模式，才能适应团队的各种变化。一个企业想成功实施团队结构并支持团队结构，第一步是要对大部分需要加以变革的企业文化在其变革规模和变革的重要性方面做出正确的理解。过于低估企业文化的能量，或反过来被企业文化的高度复杂性搞得不知所措，都会影响到你为企业变革的成功而实施的努力。

如何实施文化变革

改造企业文化是一个吸引人的、有挑战性且有回报的漫长过程，你很可能永远无法彻底获得成功。但我们都明白，在这一过程中有更远的路要走，还有另外的步骤要被采纳。领导者们在管理结构复杂的组织时将会碰到无穷无尽的挑战。那些从远处看起来很完美的组织远景规划走近一看时还存在一些瑕疵。

想象一下，一个新的团队成员正在与另一个部门的人共同实施一项自身团队曾经实施过的决策。在向另一个部门的人描述这项决策时，这个团队成员说："我不能确定为什么我的团队决定这样做，这样的做法在我看来是起反作用的。我觉得你们需要改变这样的做法。"如此这般会产生怎样的局面呢？这样的局面就会引发我们意想不到的团队变革。那么，团队变革从哪里开始呢？我的回答是团队变革从企业文化开始。

从文化的观点来看，你领导的企业现在面临的情况与早期成长的情况不可同日而语。企业的建立，必须通过某种持续成长更新的历程维护自己。虽然对企业文化的追求有时候会令人感到兴奋，而有时却又令人感到痛苦。但请记住这一点：随时受到这一过程的滋养，不要到最后一刻才去体会满足感和成就感。任何策划过改变企业文化的人都知道，整个过程既充满了愉悦又充满了痛苦。

在经过一系列的变化之后，现在必须决定是否要通过制订新的市场战略来开发新产品。打开新市场、纵向整合增进成本与资源的竞争力、购并与合并，这表明我们的公司已经有能力来继续追求这样的成长。企业过去发展与成长的历史并不一定是未来成功的最佳引导，因为环境会变，而更重要的是市场变化可能会使原本的优势与劣势有所变更。相对于此，文化在成长过程中就需要必要的粘合剂。在公司中，文化是维系一个团队的根本条件。管理者如果忘了这一点，必然会自食恶果。未来的管理者要能充分认识到，人的一生中有太多时候必须把自己的命运交付在别人手中。要真正了解，团结的力量远远胜过任何分组作业或活动的效果。因此，我们要加强团队文化与公司文化的相互连结，让团队成员真正体会到整体企业文化的作用，让他们在实际行动中亲自体验这一惊人的力量。

还有什么比利用团队来改造企业文化更有效的呢？建立团队是一个简单易行的步骤。积极地将团队建成高效进取的一支队伍以面对文化变革的挑战则是另一部分需要落实的工作。团队必须善于处理文化中须加以调整的那些方面，还必须通过改善团队工作的运作方式来达到这一目标，反过来，事先建立起团队组织是对文化变革所做的重要准备。我们已经发现成功的要点在于对团队工作的效率加以明确，对团队为此而努力时所表现的优缺点给予信息反馈，并在文化变革的过程中向团队提供必要的技能。这些技能具有如下特点：

认为变化会自行得到解决。一种很常见的想法是，文化问题会自行得到解决，假如文化变革会带来好处，假如它是必要的话，这种想法经常是错误的。例如，一个公司与另一个公司进行合并谈判时遇到阻碍，最大的问题是公司将由哪一方管理。然而，当时人们的感觉是这个问题"会被解决"，因为双方有着强烈的合并愿望。另一个例子是，两家公司有着极不相同的意识，可是双方当时合并愿望非常地强烈，然而在一开始却没有人对两种文化的迥然不同做深层分析，而后来也无人努力来融合这两种文化，导致最后的失败。所以文化问题是不会自行得到解决的。

辅助改变公司文化。当人们企图创建、融合或改变文化时，人们总是实施多样的、零散的方法。他们对文化的改变不是依照计划缜密的、循序渐进的步骤实施的。高层管理人员认为重要的行为是使用具体方法，然而这种有限的步骤很明显并不足以支持一个全面的和长久的文化变革。

一些公用事业同样需要改变公司的文化，使之在一个取消管理制度的环境中强化增长。公司需要一个权力更分散的、更偏重于团队工作的企业文化，以解决在管制环境中决策过程的过慢，以及工作节奏缓慢。综合这些寻常可见的问题，这样的办法，确实是一个避免人们出错的有效方法。一些企业行使的战略对现有的文化与将会出现的文化进行对比分析，然后对此议题设计并行使一个强制的训练项目。但这一文化的变化是未被实现的。公司的下一步行动是实施另一个有关决策技能的项目，让团队成员真正体验到公司的管理作风、制度和处事规则。

营造团队环境。环境造就了人，并使人按照环境对人的影响而行事。如果环境并非有利于一种变化，那么这种变化就难以发生，就难以持久。在这种情况下，只有营造一个具有人性化的团队环境，才能使团队成员承担起自己应该承担的责任。

事实上，每个团队都有自己的文化和组织结构，这决定了该团队会怎样去工作。明智的团队注重通过团队条例和准则，来塑造组织结构。

团队变革的要求

当你考虑为支持团队结构和团队协作而着手进行企业文化变革的时候，你有必要斟酌以下我们所讲的要求，因为团队所要牢记的是将新成员引入到团队文化中来，而不是认为新成员理所当然地了解一切情况。举例来说，一位充满热情的新团队成员可能并不知道在团队中汇报和整理数据资料的规定，他可能要花很长时间才能知道这也是团队运作的一个重要方面。同时，如果新成员试图用主观臆断和推测去引导他人，那么团队就可能会陷入不可预见的冲突和延误中。

要让团队有效地前进，那么你需要有以下认识：

1. 事先做出决策

团队的本质就是决策，不管一个团队是要完成一个项目、管理一个进程还是完成一个新课题，它的基本功能就是做出会引起某个特定结果的决定。我们知道，在一个团队文化变革中，受团队决策影响的重要人员没有被纳入团队，这种现象在团队生活的开始阶段并不明显，它只出现在考虑某个棘手的决定时。要避免这个问题，就要在事前想好谁会受到团队工作结果或团队决策的影响。这些人在团队中应扮演一定的角色，不管是作为全职成员还是顾问，他们需要做的第一步开始于最高管理者们要探讨的企业整体文化或特定的亚文化决策。

2. 事先制订计划

团队变革应该是一种事先所制订的计划，而不是当问题发生时作为补救的措施。因为制订计划能让你感受到在大部分时间内，企业规则有一个相对固定的形式，那就是展望三到五年，制订一个计划，随后执行这个计划。这很像旅游计划。确定A和B点，划一条直线，然后按照这条路线进行即可。

3. 一致与赞成

一个变革计划要求企业管理者对将来向往的文化状态和期望的结果达成一致，全体赞成，以及对目前的文化现状和为什么需要变革也表现出一致的看法。这一步骤首先发生于高层领导者中，然后扩大到整个企业。但为了实施这样一场变革，这一计划需要在思想、行为、赞成程度和力量投入方面表现一致。

4. 人人参与

文化变革要求尽可能多的员工投身其中，那些乐于让员工参与变革的领导者，有时却不能树立清晰明确的方向，使得员工对于自己的角色产生迷惑，不清楚应该做什么、如何来推动变革继续进行。这样的领导者通常不愿意冒险，甚至不想做任何有困难的决定。当人力资源部门努力"启发"人们并促进企业文化变革时，通常会自己接受这一挑战，希望这样做能对变革有所帮助，而那样的努力将会毫无收益。

5. 建立一个团队

在知识经济时代，我们必须认识到没有一个组织能够单独完成所有的事情，只有组建一个团队才能使企业得以持续发展，只有团队之间的协作才能把企业带到永续经营的高超境界，才可以更好地达成企业的各项经营目标，才能更好地达成顾客的满意度。如何才能建立一个团队呢？我们知道，团队合作的意义不仅在于人多好办事，而且团队行动可以达到个人无法独立完成的成就。团队作为一个集体，是由不同个体组成的。此时，团队要想获得成功，成为一个高素质、高效率的团队，作为团队的建设者和领导者，在平常的时候，就要注重对团队之中每一个成员日常业务能力的训练，以提高他们的业务能力、知识水平，这对于领导来说是责无旁贷的事情。因此，只有在团队之中，每一个成员的业绩水平和能力提高了之后，团队的整体业绩水平和能力才能得以提高，才能使一个整体的团队走向进步。

不同的观点与行为

团队在进行文化变革时需要不同的思维方式和不同种类的行为。但它们不是深奥难懂的，而且通常是被描述为有效的管理方法。然而，出于多种原因，人们并没有据此行事。实际上，其中一些较为基本的原则和准则遭到了完全的忽视。我们把它们称为"从未学到过的章程"，而任何一个希望自己效能卓著的管理者都应对此进行反思。

● **注意人员的选拔**

如果仔细观察那些能够长盛不衰的企业，你就会发现，它的领导者都非常重视人员的选拔。无论是拥有数百亿资产的集团公司总裁，还是一个小小的部门经理，都不能将选拔和培养员工的任务委托给其他人，这是一项你必须亲力亲为的事。成功的领导者会让他的每一个员工都觉得自己是公司的股东。为什么，因为人们一旦感觉某个东西属于自己时，就会悉心照料它、保护它，并心甘情愿地将自己的心血倾注其中。

● **激励员工努力工作**

如果你希望员工尽力把工作做得更好，如果你希望员工成为你最有价值的资产，那么，你应该让他们感觉并实实在在地成为企业的所有者。除此之外，你在培养下属方面还可以对员工的行为和绩效提出反馈意见，帮助他们更好地理解什么是有效的工作，什么不是；也可以帮助下属分析形势，通过实例和其他可选方案提高他们的能力；还可以鼓励员工，推动他们去做他们原本想要逃避的工作，帮助他们从这些原本无法得到的经验中成长。最重要的是，这样做你就能够保持对员工的高度期望，并将这种期望传递给员工，从而激励他们尽最大努力地出色工作。

● 以责任心发展自我

在一个团队里，如果员工缺乏责任意识，就不可能产生有助于团队发展的兴趣和热情。如果整个公司都能够做到允许别人犯错误，为他人的学习和成长承担风险的话，不要担心，只要你能切实地实现利润和收入的增长，你所建立的文化也就必将影响到组织的其他部分，从而你所建立的文化也自然就会成为大家所效仿的对象，而非竭力排挤的异类，你才会以员工才干和潜能为标准，授予他们责任。领导人必须对自己的领导行为负责，公司一定要在日常运营中展现自己的价值观。如果这些价值观能够使员工产生一种团结协作的文化的话，这个信息就会逐步传播到整个组织，并最终在公司范围内形成一种真正的企业文化。

● 奖罚分明

优秀的领导者应该能够做到奖罚分明，并把这一精神传达到整个公司，否则人们就没有动力来为公司做出更大的贡献，而这样的公司也是无法真正建立起一种执行型文化的。你必须确保每个人都清楚地理解这一点：每个人得到的奖励和尊敬都是建立在工作业绩上的。例如，团队中一个天性害羞的成员在努力大声说话，那么团队就应该给予这个人真诚的、正面的强化来鼓励其继续努力。在直接的补偿之外，还有许多方法可以用来表彰和奖励团队绩效，既包括高层管理人员直接对团队做的关于其使命紧迫性的讲话，也包括用奖品来表彰贡献。然而，最终最珍贵的奖励还是团队在自己的绩效中所享受到的满意感。

● 强调团队的协同工作

在一个团队中，每个成员的优缺点都不尽相同。你应该主动去寻找团队成员中积极的品质，学习它，并克服你自己的缺点和消极品质，让它在团队合作中被弱化甚至被消灭。团队强调的是协同工作，一般没有命令和指示，所以团队的工作气氛很重要，它直接影响团队的工作效率。如果团队的每位成员，都主动去寻找其他成员的积极品质，那么团队的协作就会变得很顺畅，工作效率就会提高。

● 对他人寄予希望

每个人都有被别人重视的需要，那些具有创造性思维的知识型员工，更是如此。有时一句小小的鼓励和赞许，就可以使他释放出无穷的工作热情。在这样的情况下，我们为了让员工充满热情，就要形成一种团队文化，让团队成员对所从事的职业充满信心和兴趣。

在一个团队成员的一生中，无所事事的人生将是悲哀的人生，在公司中，要想成为一个优秀的员工，你不仅要把工作当成一件快乐的事，还应该乐此不疲地把这份愉悦传递给别人，使其他团队成员愿意与他人交往或合作。这样，你的人生也将因你所从事热爱的工作而得到升华。要让他们在心里形成一种呼喊：让我们把工作当成人生最有意义的事吧！把与其他团队成员共处看成是一种缘分，把与顾客、合作伙伴会面当成一种乐趣吧！

● 把团队成员看作企业最宝贵的资源

团队作为一种先进的组织形态，越来越引起企业的重视，许多企业已经从理念、方法等不同的管理层面着手进行团队建设，并对团队做了巨大的投入。对他们来讲，团队成员才是企业最宝贵的资源，如果没有团队成员去实施每一项战略，企业的一切成长都是空谈。

● 不断地沟通

沟通在每一个企业里，都是说得最多的，但实际上能实现有效沟通的企业没有几家，对沟通重要性的强调永远都不可能过多。大多数企业都开始重视良好沟通的重要性，知道有能力做有效沟通的人才能真正激励别人，也才能将好点子转化为行动，这是所有成功的基础。有效的沟通，就理论上讲，实在并不难做到。说到底，我们每个人每天都在跟别人沟通，而且是从小就一直在做的一件事，起码我们大家都如此认为。遗憾的是，在成人的世界中，真正的、有效的沟通实在是不可多得的。

● 用好激励机制

激励是无法强求的。而你必须设法使人们力争杰出。企业的所有问题都在于人，而每个人都有自己的意愿，企业文化要研究人，研究人的意愿、人的心智、人的思考方式，如果员工本身没有被充分激励去向目标挑战，当然不会有企业的成长。所谓团队精神、团队文化，就是要充分兼顾职工个人利益、个人的人生目标、个人的爱好和志向，充分调动每个员工的积极性，激励他们为企业的共同事业贡献力量。海尔在进行团队文化教育时，还特别强调共同价值是个体价值得以实现的根本保证，因为，一个基于个人利益增进而缺乏合作价值观的企业在文化意义上是没有吸引力的，这样的企业在经济上也是缺乏效率的，以各种形式出现的狭隘的个人利益的增进，不会对企业和社会带来好处。所以说，在制定发展战略时就必须尽量设法把员工的动力和工作能力结合起来。凡是能促使员工愿意精通本行的办法，都将有助于他们学习并采取能使自身、组织不断成功的行为，企业理念就是这样发挥作用的。

在激励过程中，不要只记住那些重要的人，他们可能已经得到了足够的关怀。不要忘记那些秘书、助理、接待人员以及信差，他们是使你的生活有序而常被忽视的一群人。问问他们得意的事，这样做绝对是正确的，起码你的信件会更快地送到你的办公桌上。

这是管理一个企业必不可少的因素，同时还意味着在这个经济时代，团队成员采取不同的思维方式和行为方式，可以使处于动荡时期的企业领导者能够帮助团队成员理解变革的每个具体细节，也能鼓励团队成员参与，从而使他们明白自己在变革中的位置并融入到变革中去。

时间、耐心与努力

担当领导工作的动力来源是多方面的，有些能促成高效的领导，有些则产生干扰作用。事实上，领导的作用在于通过激励等方法，实现组织的目标。减少官僚主义、颐指气使、独断专行等行为，去除依靠命令、控制和等级来实现目标的思维。通过制定高质量的目标，并激励员工尽情施展，而不是采用强制、霸道的过程控制。靠人格的力量、以身作则，鼓励员工思考和贡献力量，最大限度地发挥员工的聪明才智，引领员工实现组织的目标。管理奇才杰克·韦尔奇是这样解释员工的力量和真正的领导艺术的：不可能有哪项业务能够离开替补席上的运动员。真正的领导艺术来自一个人的愿景的质量，以及此人激发他人尽情施展的能力。最好的经理人并不用威吓胁迫进行领导（我是老板，你得照我说的去做），他们通过感召他人产生施展抱负的愿望来领导（这是我为我们的未来设置的愿景，这样做你就能帮助它成为现实）。他确保每一名员工对企业应当如何运转都有发言权。通过引领员工为共同目标奋斗，能有效地减少官僚主义、独断专行等阻碍员工才智发挥的障碍，为员工创造一个可以尽情施展的理想环境。

我们知道，作为一名领导者，你必须亲自参与到实际的企业运营当中去，而绝对不能以一种若即若离的态度来经营自己的企业。当你亲自参与一个项目的时候，员工们可能会认为你有点过于干涉他们的工作，但他们还是希望你对他们关注，希望你能为他们解决问题。优秀的员工总是很喜欢这样的老板。这会让他们感到自己受到了重视，从而产生一种尊重感。而且这也是领导者对员工工作表示欣赏的一种方式，同时也是对他们辛苦工作的一种回报。

事实上，在这个充分竞争的时代，企业所需要的凝聚力，更多的表现在员工的心智方面。企业需要员工对于企业目标和企业文化有一种极大的认同，需要所有的员工对于企业的事业有一种主动的参与，把它当作个人事业的一部分。尤其是作为一个卓越领导者，更要认识到作为一个优秀领导，不仅要能够换位思考，而且能够身先士卒。

有趣的是，很多企业的领导者并没有这样做，团队的凝聚力来自于员工对企业目标和企业文化的认同感与专注度，也可以叫作事业的忠诚度。但是，作为团队的领导，无论从个人的品行，还是从个人的业绩乃至整个团队的发展，你都必须为大家做出榜样来。要知道，正因为你是领导，在你的身后，总是有着无数员工在看着你，你的一言一行，无论是正面的还是反面的，都会自然或不自然地引起别人的关注。

所以，在一个企业组织中，要使员工积极投身变革之中，否则，后果不堪设想。不管人们嘴上说自己处于何种工作状态，但有一点必须注意到，当公司发生变革时，公司的领导者就应该向员工展示他们的领导技能。在率领团队和员工共同走过变革的过程中，管理者承担了非常重要的角色。在他们的领导下，创新的思想在公司中萌动，公司得以留住客户，而富有才能的员工也愿意与公司共同发展。

团队文化的转变

团队文化的转变需要一种紧迫感，因为紧迫感有助于组建一支适当的团队，指导整个变革流程，并在团队内部完成基本的团队工作。有了紧迫感之后，就会有更多的人愿意参与决策——即使他个人可能会因此而不得不承受一定的风险，也会有更多的人愿意组织起来，即便在短期内，他们个人不会因此而得到任何形式的回报也会如此做下去。但如果想要建立一支人选适当，而且充满信任、责任感和团队精神的团队来完成变革领导工作的话，你的组织还需要开展一些其他的工作。这些工作的首要任务就是要认识由传统文化向团队文化转变的过程。

事实上，团队文化的变革不是一件简单的事，尤其是在变革时，必须认识到作为一个团队变革者，你培养出来的应该是积极工作的共事者，而不是唯命是从的职员，你的团队成员应该熟悉工作流程，对本职工作负责，并乐于分享工作成功的喜悦。如果你需要实现这个愿望，就要充分地认识到在变革过程中所产生的状态变化。

● **从等级化转向平等化**

尽管现在的众多领导者都在高谈阔论人性化、为员工提供个人发展的舞台，但大部分的企业一直表现为等级化，它们有着许许多多的管理层面，在管理者和职工以及不同等级的管理者中间有着严格的界限。这些企业领导者根本就不明白：无论是在一个强调命令与控制性的、等级森严的环境，还是在一个鼓励人人参与的环境里，我们都要明白，那些驱动管理行为的内在观点能最有力地影响到企业文化的管理作风，这些管理作风表现在管理者拥护什么，实施什么方法，并奖励何种行为。当这些事物表现一致时，领导者便在施行的管理作风和企业环境两方面表现出了意义上的一致。当这两者没能表现一致时，领导者表现的意义就是自相矛盾的。例如，拥护团队合作却不使人们承担团队协作的责任，只能被认为表里不一。假如一个领导者大谈团队却在管理上独断专行，那么独断专行的管理会被认为是其通常的工作作风。如果这位领导者奖励了有悖于团队协作精神的行为，那么，不管这位领导者如何强调团队协作的工作作风，那些被奖励的行为都会被效仿。

● 由分裂状态转向结合状态

团队成员本身具有分力倾向，团队管理稍有松懈，就会导致团队的绩效大幅度下降。根据康宁公司的团队管理经验，团队合力常常受到下列情况的冲击：

1.领导者变更；

2.计划不连续；

3.裁减成员；

4.管理不当；

5.规则不连续。

对于如何避免"团队陷阱"，我们有如下建议：第一，团队需要强有力的领导者。强有力的领导者能把分力转为合力，贯彻和执行团队目标，使团队成员保持对外部的灵敏度，并迅速做出反应。根据经验表明，团队比其他组织形式更需要强有力的领导；第二，统一的团队规则。优秀的团队具有统一的管理规则，并能得到所有成员的遵守，成为团队内部统一的语言。第三，精心管理、细心呵护。团队陷阱产生于微妙之处，所以团队需要管理者和成员的细心呵护。

● **由独立状态转向合作状态**

在团队中做事情，尤其不要求全责备。团队中有那么多的伙伴，只要你能够与大家共同合作，就能够形成一个完美的状态。所以，我们在构建团队时，要看重人们之间的各种特长，并能把这些特长结合起来，使团队成员能够互为依靠。因为互为依靠能够使人们把压力变为动力，并能在重大压力下取得成绩，同时以不同的方式促使每位员工对同事都产生感激之情和责任感。

● **由竞争状态转向竞合状态**

对一个团队来讲，在竞争中的唯一要求就是获胜，只要获胜，中间的一切过程都可以忽略。毕竟我们要的是结果，而不是过程，因为更多的时候，我们在取得结果的过程中会受等级意识、小团体意识和个人主义等的影响，这些影响已经使人与人、部门与部门、机构与机构之间的竞争呈固定化状态。这一切现象对客户一直是不利的。所以，为了摆脱这些不利因素，一个真正的管理者不应该被这些因素吓唬住，而应该从失败中总结经验教训，继续进行自己的事业。失误、失败并不可怕，关键在于如何从失败中奋起，反败为胜。

● **从经验型的处事方式向勇于开拓的处事方式转化**

在一个企业里，经验能够促使整个部门的工作向着更为良性的方向发展。作为一名领导者，你的成长过程实际上就是一个不断吸取知识和经验，乃至智慧的过程，所以，你工作的一个重要组成部分就应当是把这些知识和经验传递给下一代领导者，而且你也正是通过这种方式来不断提高组织当中个人和集体的能力。不断学习并把自己的知识和经验传给下一代领导者，这正是你取得今天成就的秘诀，也是你在未来能够引以为荣的资本。毕竟企业领导的看法至关重要，决定着他们的决策、他们的远大抱负以及他们所营造的企业环境，你的远大抱负的实现就在于你是否做到了让每个团队成员为你奋斗。

第七章
团队合作

再强大的士兵都无法战胜敌人的围剿，但我们联合起来，就可以战胜一切困难，就像成群结队的行军蚁一样，消灭掉一切阻挡在自己眼前的东西。

——西点军校第82届学员 罗伯特·伍德

人多不一定力量大

西点军校的学员，大部分都能成为未来美国的陆军精英军官，因此它一直教育学员，不能相互对立，要团结合作，不能进行恶性竞争，那样的话会毁掉竞争的双方。

一般情况下是"人多力量大"，正所谓"三个臭皮匠，胜过诸葛亮"，说的就是人多好办事，人多力量大的意思。但是，有时候人多并不一定意味着力量大，甚至反而力量变小了。

科学家瑞格尔曼曾经做了一个著名的拉绳实验。参与测试者被分成四组，每组人数分别为一人、二人、三人和八人。瑞格尔曼要求每个人都用尽全力拉绳，同时用灵敏的测力器分别测量拉力的大小。

测试的结果有些出乎大家的意料：二人组的拉力，为单独拉绳时二人拉力总和的95％；三人组的拉力，是单独拉绳时三人拉力总和的85％；八人组的拉力，则是单独拉绳时八人拉力总和的49％，就是说人越多，拉绳的力量就失去的越多。

这个实验证实这样一个结论：在群体组织中不一定是1+1>2，一个普通的团队人数再多，也未必能够战胜一个成员不多，却真正高效的团队。1+1=2甚至1+1<2都是有可能存在的。

下面这个故事，或许能够为我们揭开其中的因由。

天鹅、狗鱼和虾想要一同拉动一辆装有东西的货车，于是三个家伙套上车索，拼命地拉，可是怎么也拉不动。

其实车上装的货物并不算重，只是天鹅飞向天空，是往上拉的；而虾则是向后拖；而狗鱼则往水里拽。它们三个的力作用在了不同的方向，货车当然是纹丝不动了。

同样的如果一个群体中的每个成员都各自为战，完全按照自己的意愿来，那么纵然他们都拼尽全力，也不一定能使自己的团队进步，当然更不能完成团队的目标。

由此可见，团队强大与否和团队中成员的数量多少并不一定成正比，组织内的成员如果不能协调一致地行动，那么就会出现1+1<2的情况。只有合作才能共同撑起一片天，也才能让团队发挥出最大的力量，因为合作才能使每个人的力量都用在一个方向上。

一位智者听到了五个手指在悄悄议论：

大拇指说："我最粗，干什么事都离不开我。你们四个手指都没用。"

食指说："大拇指太粗，中指太长，无名指太细，小拇指太短，他们都不行。"

中指说："我的个子最高，我能做很多事。"

无名指说："大家都不给我一个名字，我也不想成为你们中的一员。"

小拇指说："你们长的长、粗的粗，有什么用呢？我是小巧而灵活，我才是不可或缺的。"

智者听了他们的对话，就教训他们道："你们都说自己最有用，那么我就请你们比比，看到底谁最有用。"

智者拿出两只碗，往其中一只里放了一些豆子，要求五只手指分别把这些小豆子拿到另一只碗里，结果没有一只手指能单独完成这件事。五只手指只有共同合作才能完成这个任务，如果相互之间无法合作，必然会失败。球王贝利说过："将比赛带向胜利的不是球星，而是球星所在的团队。棒球虽然可以凭借一个投球手取胜，但足球绝不可能。再有名的球员进球，也是因为有其他球员在适当的时候把球传给了他。"

"一个和尚挑水喝，两个和尚抬水喝，三个和尚没水喝。"这个谚语说的也是这个道理。为什么一个和两个和尚都有水喝，三个和尚反倒没水喝呢？那是因为三个和尚有着同样的心态，都想倚赖别人去弄水，而不想自己出力，于是便在挑水的问题上互相推诿，争论个不休，结果是谁也不去挑水，最终使得大家都没有水喝。

集体活动中因为反感某个同学而不愿意帮忙，甚至偷偷地使坏，搞的双方都下不来台。如果双方一直持续这样，那只能毁掉双方，让两个人一起退步。在海边生活的人常常会看到这样一种现象：几只螃蟹从海里游到岸边，其中一只也许是想到岸上体验一下生活，于是它努力地往岸上爬，可无论怎样努力，也始终无法爬到岸上。这并非因为那只螃蟹所选的路线不对，也不是由于它的动作太过笨拙和行为太过迟缓，而是因为它的同伴们阻碍了它！

每当那只螃蟹爬离水面、并即将爬上岸的时候，其他的螃蟹就会争相拖住它的后腿，把它重新拖回海里。每次都是这样，最终它无论如何也无法爬到岸上。如果你曾偶尔看到一些爬上岸的螃蟹，不用说，它一定是单独行动的。

所以如果你在一个团体中拖别人后腿的时候，就要小心自己在往前跑的时候被别人拖后腿。而那些有团队合作精神的人，诚心诚意帮助他人的人，则会在前进的道路上获得别人的帮助。有些人做事的时候，会遇到很多的阻力，这就是因为当别人做事的时候，你给了别人很多的阻力。

一个木桶由许多块木板组成。如果组成木桶的木板长短不一，那么这个木桶的最大容积并不取决于桶壁上最长的那块木板，而恰恰取决于桶壁上最短的那块木板的高度，这就是"木桶定律"。

从"木桶定律"中可以知道，决定一个团队战斗力强弱的，并不是团队中能力最强、表现最好的人，而恰恰是那个能力最弱、表现最差的人。最短的木板制约着整个团队的战斗力，影响整个团队的综合实力。

现实中的情况是，很多人经常瞧不起团队中的"短板"，嫌他们拖了自己的后腿。所以，要使一个团体进步，就要不断提高最后一名。只有最后一名有了较高水平的时候，整个团队才能取得进步。

作为团队成员，我们必须明白，只有一个每个成员完全发挥作用的团队才是一个最具竞争力的团队；而只有身处一个最具竞争力的团队之中，个体的价值才能获得最大程度的体现，团队的成功就是个人的成功。

永远不要单兵作战

西点第82届学员罗伯特·伍德曾说："再强大的士兵都无法战胜敌人的围剿，但我们联合起来，就可以战胜一切困难，就像成群结队的行军蚁（生活在亚马逊河流域，喜欢群体生活，一般一个群体就有一二百万只，它们属于迁移类的蚂蚁，没有固定的住所，习惯于在行动中发现猎物）一样，消灭掉一切阻挡在自己眼前的东西。"也就是说，一个军队只有共同协作，才能取得胜利。所以，西点军校十分注重学员间的合作训练，以此告诫学员永远不要单兵作战。

团结协作的理念贯穿于西点学员的行为规范，因为个人英雄主义过于强烈的人，对于在当今社会讲究团结协作的人来说，是没有什么用处的。要想成功就必须要学会团结互助。如果你是缺乏协作理念的人，那就很难融入团队。

一个人的力量是有限的，身在团队中的个人，必须相互协作才能拥有强大的竞争力。虽然团队成员由各种层次、各种性格、各种特点的人组成，但是只要协作就可以一起进步。其实一个团队优秀与否，不在于人才的多少和他们水平的高低，而在于团队成员间能否相会协调、团结合作。

一个人能否成功，很大程度上取决于他是否能够与团队合作好。"我行"的含义，现在并不仅仅是指"我能做到"，还意味着"我能和别人合作，指出别人的短处，也接受别人的批评。"假如不相信任何人，那么永远不可能有大的成就，所以要信任别人，不能只靠自己一个人去蛮干。

个体力量是有限的，有许多事情依靠一个人是无法做到的，但对于这个问题，并不是就做不了，而是要去借助别人的力量才能完成这件事。

一个人能够凭着自己的能力取得一定的成就，然而如果把自己的能力和别人的能力结合起来，就会取得意想不到的成功。因此作为个人，一定要善于和他人合作，把合作的人能力发挥到最佳，形成一个更强大的"能量体"。这样不仅增大了自己的力量，还实现了一个人办不到的事情。在工作中，只有懂得这个道理才有可能成就自己就大业。

如今团队协作俨然成了一种社会发展的需要，而且越来越多的人都有了合作的意识。其实除了人需要团结之外，自然界中的很多动物也知道合作。

比如每当蚂蚁遭遇毁灭性的森林大火时，为了逃生，它们会迅速地抱成一团，滚动着冲出大火。因为它们知道，如果只靠自己的力量，只能被活活烧死，所以必须团结起来冲出大火。

然而在逃生的过程中最外面的一层蚂蚁往往会被大火烧死，里面的蚂蚁却能生存下来。这也就意味着，团结合作就需要有人牺牲，这个牺牲对人来说并不是生命，而是自己的一些习惯等。蚂蚁就是靠这种团结互助的精神，在这个广阔的宇宙里生存繁衍下来。因此我们应该在生活和工作中，永远不要走单打独斗之路，要学习团结合作的精神。

当然无论你在公司是什么职位，都不应该有畏难情绪。在西点军校，任何一个团队无论是在演习还是在战斗中，都是积极向上的，大家都是要求进步的。班组和排里的西点学员或许会相互掩护，但他们不会考虑对自己进行保护。完成任务才是最终的目标。而且，团队也崇尚进攻，因为谁都不想在自己队友面前表现出认怂，这样会被人家笑话一辈子。如果教官知道某个团队因为个人的原因，而未能完成任务，他不会惩罚犯错的人，而是惩罚所有的人，你也许会说这不公平，但这却是培养会他们在日常生活中互相协作的习惯。

要知道没有一个人可以不依靠别人而独立生活，这原本就是一个需要相互帮助的社会。小时候你需要父母的关怀和帮助，长大了你需要与朋友、同事的帮助，如果你能够时刻想着帮助别人，那么你会交到很多朋友。在你落难时，这些朋友就会发挥很大的力量，帮你度过难关。

在现代社会中合作是一件快乐的事情，那些"个人秀"的时代正在结束。有些事情人们只有互相合作才能完成。要知道，但凡有所成就的人都具备团结协作的精神。

总之，一个人要想成大事，永远不要单兵作战，必须联合一切可以联合的人，只有在各方面与他人互助协作，你才能取得更大的成功，否则你就可能永远都无法实现目标，因为一个人的力量是有限的。

合作就是力量，现在的社会是一个合作的社会，一个人有了合作的精神就能成功一半。只有相互合作才能把事情办好，才能顺利地实现团队和个人的目标。

在团队中学会合作

工作中的团队合作理念起源于美国。但具有讽刺意味的是，团队合作起初在这里并未实用，直到后来才逐渐被重视。然而，真正实行团队合作的是日本人，他们在第二次世界大战之后，决心重振经济时——欣赏团队合作的理念，因为他们的文化强调集体而不是个人——他们诚恳地接受了这种理念。事实上，有些分析家认为，正因为日本人欣赏团队合作并采用了团队合作的理念，才奠定了他们在当今世界市场中的领先地位。

一个人要想成大事，必须联合一切可以联合的人，永远不要单兵作战，只有在各方面与他人互助协作，你才能勇立潮头，取得更大的成功，否则，你就可能因一己之力薄弱而永远都无法实现目标。

人心齐，泰山移。合作就是力量。现在的社会是一个合作的社会。一个人有了合作的精神，那么他就成功了一半。人与人相处，只有相互合作才能把事情办好，才能顺利地实现彼此的目标。

不管你走到美国的哪家企业，你都会听到人们在谈论团队，关于参与管理的理论已经引起了团队工作的革命。种种迹象表明，过去只会对下级发号施令的经理们，将被具有团队意识的领导所取代，因为他们更有创造性、控制力，同时还能帮助团队成员，与他们共同工作

小吉姆在他的玩具沙箱里玩耍。在松软的沙堆上修筑公路和隧道时，他在沙箱的中部发现一块很大的岩石。小家伙开始挖掘岩石周围

的沙子，他手脚并用，没有费太大的力气。但是，大半个岩石露出来之后，他发现它实在太大了，根本不可能搬走它。无论是手推还是肩挤，吉姆始终没有成功。每次，当他刚刚取得一些进展的时候，岩石便滑脱了，重新掉进沙箱。

最后，他伤心地哭了起来。这整个过程，吉姆的父亲从楼上的窗户里看得一清二楚。他来到了儿子跟前："吉姆，你为什么不用上所有的力量呢？"小男孩失落地抽泣道："但是爸爸，我已经用尽了我所有的力量！""不对，"父亲纠正道，"你并没有用尽你所有的力量。你只依靠自己的小力量，没有请求我的帮助。"

父亲弯下腰，抱起岩石，搬出了沙箱。

从这个故事中可以看出个体力量是有限的，有许多事情依靠一个人是无法做到的，但对于这个问题，并不是就解决不了，而是要去借助别人的力量才能完成这件事。

一个人能够凭着自己的能力取得一定的成就，然而如果把自己的能力和别人的能力结合起来，就会取得意想不到的成功。因此作为个人，一定要善于和他人合作，把合作的人能力发挥到最佳，形成一个更强大的"能量体"。这样不仅增大了自己的力量，还实现了一个人办不到的事情。在工作中，只有懂得这个道理才有可能成就自己的大业。

员工之间不协调，工作就开展不好，只会把事情弄糟，引起痛苦和烦恼。领导者的智慧所在，既能妥善分配员工的工作，又能协调他们之间的合作。

作为团队的一名成员，你的成功取决能否与其他成员合作以实现既定目标。如果要成为未来的企业领导者，你就应具备能激励他人的能力，培养员工的奉献意识，帮助团队为实现企业的远大目标而制订规划。如果能表现出自己的技能，证明你可以在团队中工作并能成功地管理团队，这将会给你带来成为领导者的机会。

因此，为了促进团队合作和竞争意识，西点军校修改了最传统的"担任"活动。西点以前的角力棒搏击是"一对二"的比赛。来自不同排的两位选手带橄榄球头盔，相互对峙，直到一方被"击毙"为止。而现在，两队新学员围成内外圈，如果同伴都被"击毙"，剩下的士兵则不得不代表全队与众多的敌人作战。这么做的目的就是让学员知道，你不单是为自己在战斗，你还要保护同伴的安危。这样，就在比赛中培养了学员们的团队合作意识。

尽管团队合作看起来有动力而且有利可图，但是在美国的工作环境中，开展团队合作仍然非常艰难。美国人似乎崇尚绝对的个人主义。由于多种原因，他们很难开展团队合作。实际上，在转换到团队方式以后，很多企业都报告说没有达到预期效果。然而，尽管如此，受多种因素的影响，团队管理仍然被认为是美国未来的潮流。1987年，美国审计总署发现，在476家大型企业中，70%的企业采用了最简单的团队合作形式——质量小组。波音、Caterpillar、福特、通用电气、通用汽车以及数码设备公司等主要企业都极力提倡团队合作的概念。由于中层管理者害怕失去权力，工会领导担心失去工作，所以他们会抵制团队战略和团队合作的做法。然而近期以来，那些充分利用团队合作的外国竞争者已经对美国的企业安全构成了威胁，因此很多反对这方面的人转变了态度。在汽车工人联合会最近的一次大会上，工人们通过多数原则产生的表决结果显示，工人们支持参与决策和团队合作。在20世纪90年代，几乎所有主要企业都投入了大量的人力和财力，用于在管理层和员工中开展团队合作。

　　尽管你不必成为这方面的技术专家，但是你需要理解这方面的基本知识，表现出自己在参与团队工作方面有很强的管理技能。很多企业希望找到喜欢团队合作的人，而且希望他们能够了解团队怎样工作。对团队工作及其形式了解得越多，你就越有吸引力，从而更能被重视团队合作的企业所青睐。

　　这里有一个速成秘诀，它介绍了越来越盛行的一种团队模式：高绩效团队。这些团队有几个特点。首先，他们有一个清晰的目的或使命，这个目的或使命通常包含在企业的使命书中，它反映了企业的远大目标。正是凭着这个目标，团队才有了一种方向感。相对于整个团队来说，小组也有明确的目标，而且小组每个成员的作用也很清晰明确。其次，高绩效团队有充满活力的领导者：领导者知道怎样利用团队各个成员的力量，因此能高质量地解决问题，这种解决问题的方式远超出单个成员的能力。第三，在高绩效团队中，沟通是开放和坦诚的。团队成员可以通过合作发现并处理分歧。小组的所有成员都参与决策，而且小组可以做出重大决策向前推动工作。最后，高绩效团队的气氛良好，每个人以成为团队的一员为荣。他们一起庆祝成功并总结失败，将失败当作学习的机会并且努力在下一次做得更好。

　　如果能显示自己理解高绩效团队的特点，或者表明自己知道怎样创立和维持一个团队，这将使你在面试中受益匪浅。

合作创造价值

体育教学训练中，团队意识的培育和强化是一个极为重要的部分。特别是在足球、篮球、排球、游戏等多项团队运动中，团队意识的强弱是决定一支球队是否优秀的重要因素之一。没有良好的团队意识与合作精神，整个球队只会是一般散沙，无法形成较高的凝聚力和战斗力，更别提球队能创造什么价值或是要取得比赛的胜利了。

古人用"一山不容二虎"来形容自我意识很强的人相处不易的困境。在可口可乐（中国）公司，员工的合作精神和自我意识就是通过建立足球队式的团队关系融合在一起的。

可口可乐价值观里面强调协作，要求员工群策群力、发挥集体智慧。在以销售浓缩液为主要经营模式的可口可乐，强调协作的意义在哪里？

可口可乐将浓缩液卖给瓶装工厂，由瓶装厂生产产品，但新产品研发、宣传、推广、消费者教育等都是可口可乐为主做的。举个例子，可口可乐非碳酸饮料有果粒橙这个品牌，这是美国可口可乐授权、由中国研发团队研发出来的，从原料采购、浓缩液生产、销售给瓶装厂是我们做的，研发、推广整条链我们都有的。

跨部门沟通在公司非常必要。一瓶可乐从产品线出来，要经过市场部提案、研发中心研发、生产部、运作部、瓶装厂这个过程，中间财务部还要做产品盈亏分析。其中一个链条断裂，新品都不可能产生。

可口可乐通过哪些方法促进各部门之间的协作？

方法很多。比如，我们有午餐会，员工一边吃饭一边听取市场部的最新产品推介、活动介绍等，或者由运作部门同事分析市场发展状况，这是至少一个月一次。可口可乐（中国）有南北两个大区，大区之间的主要管理人员每两个月至少会进行一次业务交流会议。另外我们不同部门有午餐例会加强部门内部沟通协作，人力资源部一个月一次，财务部一个月两次，这些例会都很频繁。

没有会议时各部门员工之间都有交流。每年也有员工沟通大会，宣布公司过去一年的业绩，规划未来一年的状况。

一些重要项目进行时，公司会把参与项目的员工统一调配到一起，方便他们展开工作。比如奥运会奥运团队在北京，可口可乐是奥运会赞助商，我们把各个部门的重要成员调到北京，方便他们沟通。

为了让承担某一工作的员工在可能的情况下承担其他的工作，公司是否有相应的机制在这方面？

碳酸饮料组义务承担非碳酸饮料组工作的那个例子典型地体现了团队合作，但具有特殊性。在日常工作中，各司其责能够保证专人专用，尤其是在可口可乐这样机制比较健全的老牌公司里更是如此。

在可口可乐，我们很重视领导力发展，在过去的两三年开始开展培养内部接班人计划，力求管理梯队能无缝交接，不会因为某人的离开使工作面临很大危机。

一线经理有一项综合培训课程共有五天，里面有很大部分内容是关于团队合作的。比如如何培养团队合作精神、如何建立团队。

有没有很自我的，不太喜欢团队合作的员工呢？

对于个人能力很强但忽略了团队合作的员工，我们通过360度反馈让他加强对自己的了解，在需要的情况下给他提供导师。导师一般是经验资深并且有说服力的，可以引导他改善这样的情况。如果这种方法不奏效，我们会给他做岗位调整，放到那些不需要太多团队合作精神的团队里面去。比如计划、单个项目或者领导下属不多的岗位。

我们有一个同事原来是大区经理，因为跟上司工作风格不太一样，业绩效果不太好。今年初被调配到奥林匹克项目组后，这个员工的才能得到充分发挥，表现不错。以前他的主要工作是业务拓展，新的角色是奥运会场所管理，工作性质很不一样。通过岗位调配后，他发挥了所长，公司也挽留了一个人才。

一般来说，调配由上级主管提出，人力资源部协调，经过本人同意则实施调配。在可口可乐中国，每年有三四个员工会参加调配。可能的原因会涉及三方面：一个是公司业务变动，第二是根据员工职业发展规划，另外就是员工在原来的岗位处在瓶颈状态。

不久前，市场部非碳酸饮料组四位同事一起乘坐大巴出行，不幸出了车祸，三位同事严重受伤，要休息两个月。当时非碳酸饮料组和碳酸饮料组正在合作一个项目。得知合作小组的意外事故后，为了不耽误项目的进程，碳酸饮料组和非碳酸组余下的那位同事一起，义务承担了非碳酸饮料组的全部工作，项目得以顺利进行。

讲到这个故事，可口可乐（中国）饮料有限公司人力资源经理彭智勇感到很自豪。"可口可乐公司就像一支足球队，虽然后卫有后卫的工作范围，前锋有前锋的职能区域，但前锋不在的时候后卫要补上。这是公司的一个运作模式。"

所以，各个岗位之间紧密配合，共同呈现给顾客一个完美的服务印象，是企业成功赢得客户的关键。

在美国的一次艺术品拍卖现场，拍卖师拿出一把小提琴当众宣布："这把小提琴的拍卖起价是1美元。"还没等他正式起拍，一位老人就走上台来，只见他二话没说，抄起小提琴就径自演奏起来。小提琴那优美的音色和他高超的演奏技巧令全场的人听得入了迷。

演奏完，这位老人把小提琴放回琴盒中，还是一言不发地走下台。这时拍卖师马上宣布这把小提琴的起拍价改为1000美元。等正式拍卖开始后，这把小提琴的价格不断上扬，从2000美元、3000美元，到8000美元、9000美元，最后小提琴竟以10000美元的价格拍卖出去。

同样的一把小提琴何以会有如此的价格差异？很明显，是协作的力量使这把小提琴实现了它的价值潜能。

一个人，一个公司，一个团队莫不是如此。如果只强调个人的力量，你表现得再完美，也很难创造很高的价值，所以说"没有完美的个人，只有完美的团队"。

作为管理者，看看自己是否也在孤军奋战，不妨将团队的力量进行很好的发挥，让公司看到整个团队的光芒，你才会脱颖而出。

那么，要怎样加强与同事间的合作，提高自己的团队合作精神呢？

一、善于交流沟通

同在一个办公室工作，你与同事之间会存在某些差别，知识、能力、经历造成你们在对待和处理工作时，会产生不同的想法。交流是协调的开始，把自己的想法说出来，听听对方的想法，你要经常说这样一句话："你看这事怎么办，我想听听你的想法。"

二、平等友善

即使你各方面都很优秀，即使你认为自己以一个人的力量就能解决眼前的工作，也不要显得太张狂。要知道以后还有很多不可预知的事情，以后你并不一定能只凭自己完成一切。还是做个友善的人吧，平等地对待对方。

三、积极乐观

即使是遇上了十分麻烦的事，也要乐观，你要对你的伙伴们说："我们是最优秀的，肯定可以把这件事解决好，如果成功了，我请大家喝一杯。"

四、创造能力

一加一大于二，但你应该让它变得更大。培养自己的创造能力，不要安于现状，试着发掘自己的潜力。一个有不凡表现的人，除了能保持与人合作以外，还需要所有人乐意与你合作。

五、接受批评

请把你的同事和伙伴当成你的朋友，坦然接受他的批评。一个对批评暴跳如雷的人，每个人都会敬而远之的。

在同一个办公室里，同事之间有着密切的联系，谁都不能单独地生存，谁也脱离不了群体。依靠群体的力量，做合适的工作而又成功者，不仅是自己个人的成功，同时也是整个团队的成功。相反，明知自己没有独立完成的能力，却被个人欲望或感情所驱使，去做一个根本无法胜任的工作，那么失败的几率也一定更大。而且还不仅是你一个人的失败，同时也会牵连到周围的人，进而影响到整个公司。

由此不难看出，一个团队、一个集体，对一个人的影响十分巨大。善于合作，有优秀团队意识的人，整个团队也能带给他无穷的帮助。一个个体要想在工作中快速成长，就必须依靠团队、依靠集体的力量来提升自己。

信任你的 "战友"

西点军校第一任校长乔纳森·威廉姆斯说："对团体伙伴的信任是团队赖以生存的条件，没有这种条件团队就会毫无战斗力，甚至可能很快瓦解掉。"西点军校信奉的是："我们这样团结起来可以创造一种集体观念的气氛。"因为信任你的 "战友" 是团队精神的表现，也是互相尊重的体现。

西点军校的学员总是自觉地帮助学习较差的同学。如果某个学员的车坏在路上，只要有西点的学员经过，就一定会帮忙帮到底。当西点人看到自己的伙伴遇难时，会毫不犹豫地竭尽全力帮助他。这对于西点的学员来说是一种基本的素养，也是西点军校的学员们长时间养成的习惯。

要知道在一个团队中缺乏信任是很可怕的一件事。

弗朗西斯、埃尔维斯和丹尼尔三人去沙漠探险，不幸的是却被困在了沙漠里，在沙漠里没有水源，他们的水已经喝光几天了。为了不至于渴死，三人决定分头去找水源。为了不至于在遇到危险或迷路的时候无人搭救，他们约定一旦发现水源或者需要帮助时，就向天鸣枪，听到枪声的人要立刻赶过去。

弗朗西斯向手枪里装了5发子弹，带着手枪独自向东出发。大约走了5公里的时候，正好到了中午这段时间，火辣辣的太阳照射着大地，似乎要把一切烤焦。由于口渴的很厉害，他再也走不动了。弗朗西斯心想："还是让他们两个来救我吧。"于是他朝天开了一枪。

可是枪声过后，弗朗西斯认为自己太天真了，一定不会有人来救自己。转念他又想，或许是他们没有听到枪声，于是他又开了一枪。第二声枪响之后，他等了一会儿，依然没看到有人来救自己。弗朗西斯开始急了："这次他们肯定能听到枪声，可是他们却不来救我，可能他们是故意不来救我的。他们两个商量好了这个阴谋，目的就是等我死了瓜分我的财物，这是有预谋的。"

弗朗西斯边想边往回走，而且又绝望地鸣了第三枪和第四枪，第五枪他打向了自己，因为口渴和绝望让他无法忍受了，只能选择自杀。

当弗朗西斯鸣枪的时候，其他的两个伙伴已经汇合了，因为其中一个已经找到了水源。他们两个听到枪响的时候，立刻带着已经找到的水，前往弗朗西斯鸣枪的方向前进。不过遗憾的是，他们只是发现了弗朗西斯的尸体。因为他不信任自己的伙伴，所以只能一个人落得埋骨黄沙的下场。

因为不信任自己的"战友"发生了这场悲剧。然而如果是三个西点的学员在一起就不会发生这样的悲剧。训练有素的学员总是充分信任自己的伙伴，他们知道信任是使团队进步的重要力量保障，是一切与人沟通交流的首要条件，只有信任才能让彼此的力量凝聚在一起，才能保证团队最强大的战斗力并赢得胜利。

其实信任是每个组织和团体成功的关键，在一个企业中上司和员工之间、员工和员工之间也需要相互信任。对一个长期运作，以求不断发展的企业来说，为了保持竞争力，很多时候都会面临改变自己的情况，而且每一次改变都会遭到不同程度的反对或质疑。因此，只有信任才能消除员工认为可能带来的不确定性和困惑感，才能让员工始终为企业着想。员工们互相信任，精诚合作，才能为企业的发展带来源源不竭的动力。

然而现在有很多人却不相信别人，也不相信自己的队友，因此很多人普遍存在信任危机。这种危机不但让人和人之间的距离越拉越大，也使得人与人之间的沟通不彻底，让沟通变得更艰难，甚至是可有可无的。在一个企业或团体里，员工之间互不信任、互相猜疑，对一个企业的发展是极为不利的。它会让企业发展缓慢，工作效率低下，员工们成天都在勾心斗角，长久下去必然会倒闭或解散。

可以说没有信任就没有合作，没有合作就没有团队精神，没有团队精神就意味着无法发展，不能发展就意味着不能融入这个社会，那最后的结果就只能是被这个社会淘汰。所以年轻人如果想在优秀的团队中成为一名优秀的员工，就一定要信任自己的合作伙伴，这样才促使这个团队的进步，也才能使自己进步。

在一个团队中，信任就是诚实、正直、不欺骗和夸大，这是团队赖以生存的基本条件。信任你的伙伴、战友、同事，同样也是个人成功的重要条件，只有这样才能达到双赢的最佳效果。

不吃独食，积极与同事分享

西点学子十分注重团队精神，他们从进入西点军校的那一刻起，就被教导如何与别人合作，以及合作的重要性。生活在团队中的人，在取得成就的时候一定不能独占功劳，必须把功劳看成是集体的，在工作中与人合作、互助互惠，这样才能共同进步。

西点人相信只有懂得分享的团队才会是一个团结的团队，也才是一个无敌的团队，而且分享还会让人更加快乐，让快乐的和积极的氛围不断地在团队中增长。一个拥有快乐和谐氛围的团队，一定是一个高效的团队，也是合作默契的团队，这样的团队是不可战胜的。所以无论何时都要记得与别人分享胜利的果实。

"飞人"乔丹是篮球场上的英雄。几乎每一场比赛他都有极佳的表现，甚至有时候他一个人的得分就占到全队得分的一半左右。面对这样好的成绩，乔丹从来都不独享这种胜利，他把胜利说成是大家的，所以他和队友之间的合作才会那么默契，才能赢得无数次的胜利和荣耀。

他在退役的时候说："在别人看来我站在了篮球世界的荣誉顶峰，其实每当听到这样的溢美之词，我都会感到惶恐。我所取得的任何成绩，都是和队友们一起训练、一起努力、一起配合得到的，还有赞助商和每一个支持我们的球迷，因此荣誉属于你们每一个人，我只是作为你们荣誉的代表，一次次地为你们捧起奖杯和荣誉。"

篮球是一项讲究配合的团队运动，而乔丹的队友们之所以愿意做乔丹的陪衬，就是因为乔丹具有与别人分享胜利的精神，不会把荣耀全部揽在自己名下。尽管外界已经把荣誉的光环戴在了乔丹的头上，但他却把每一次的胜利都看做是全体努力的结果，依然会把成功的喜悦带给队友，对自己的队友说，我们是一个团体，没有你们我什么也做不了。他还经常对媒体说，球队取得的胜利是，全体队员配合的结果。这样的人当然会得到队友的无私帮助，也理所当然地能够取得巨大的荣耀。

现在很多企业或团体都有过这样的经历：企业处于困境时员工们能够团结一心，众志成城地奋斗，挽救企业于水火之中。最终，他们的努力没有白费，企业终于起死回生，并且取得了一定的成绩。但令人遗憾的是，最终这些能一起吃苦的人，却因为不能一起享乐，而最终再次面临危机。

如果你也是企业中的一员，一定不希望出现这样的情况，那就要努力培养自己与团队成员分享胜利果实的意识。无论你个人取得多大的成功和胜利，只要是和同事们一起共同完成的，就不能一人独享胜利的果实，而是要积极地与别人分享。要知道成功是整个团队共同奋斗的结果，只有具有分享精神的员工才能和同事们相互合作，共同进步。

有一位风水师上山帮人看风水，爬到半山腰时感到口渴得非常厉害。前面有户人家，他就走过去想讨碗水喝。这家只有一个婆婆在家，婆婆给他倒了一杯水，又拈了点儿糠（谷物的外壳）丢入水中。

风水师一边吹着谷糠，一边喝着水，他暗想："臭老太婆，一杯水也不让我好好的喝，还放点糠在里面，害我只能边吹边喝。"

婆婆知道风水师的身份后，兴奋地说："我们家已经穷了好几代，你能否帮我们家看看风水，让我们的后代子孙有个好的出路啊！"

风水师心想：刚才跟你要一杯水，你却故意让我喝不好，现在正好借此机会整整你！他走出屋外，看了一下后告诉婆婆："其实你这块地是旺地，只需将房子有现在的面朝西改成面朝东就可以了。"其实，风水师说的面朝东却是大凶的方位。

婆婆当然不知道这一点，反而对风水师千恩万谢。

几年之后风水师又路过了这里，他想起了当年曾暗害这里的老太婆这件事，不禁暗想：老太婆全家一定过得惨不忍睹吧！

这里已经变成了一处非常热闹的集市，当年的破房子已经不见了。这时一位穿着讲究的妇人来到了他的面前，惊喜地喊道："大恩人，你终于来了，自从我家发财之后一直想谢谢你，今天终于见到你了。啊？你不认识我了？我就是几年前请你喝水的婆婆！"

风水师大为惊诧，瞧婆婆这身打扮，不像过得很差的样子啊。婆婆带着风水师来到一栋非常豪华的房子，盛情款待了他。

风水师忍不住问道："不知婆婆做了什么生意，竟然在几年时间里就如此富有了？"

"都是按照你说的做的，但我想与其让我一家富了还不如让我们全村都富起来，所以我就把这个好消息告诉了全村的人。消息就这样传了出去，最后连其他村的人都知道这里是一块福地，纷纷跑来盖房子，所以这里就成了远近闻名的集市了，而我也就慢慢地发财了！"

风水师一听感到非常惭愧，也领悟到在大爱面前风水也会失去效力。接着他又问道："婆婆，当年你为什么要在水里加糠呢？"

"那时候你累得气都要喘不过来了，我怕你大口喝水会被呛到，所以才故意放一点糠，让你小口喝水，不至于因为喝得太急而呛到。"

风水师听到这里感觉更加惭愧了。

因为分享让大凶之兆变成了发财的大喜事，让贫穷的人变成了富人，所以与人分享收获的果实，不但能帮助自己，也能帮助别人。

其实，无论是在工作还是生活中，每个人都需要别人的帮助，只有在互相合作的情况下，社会才能不断地取得进步。因此只要你心怀感恩，把快乐、美好的东西与人分享，就会在收获成功的同时，收获到满足和快乐。

但现实生活中总有一些人，明明个人能力很强，却不屑于与人合作，更不会把自己的思想、经验等东西拿出来与人分享。就算别人来请教他，也得不到一句有用的东西，只能听到敷衍之词。这种只重自我发展、轻视团队合作的人，是很难在团队中找立足之地的，也不会取得什么很大的成就。

因此，要记得与别人分享。当你这么做了的时候，你会发现同时、朋友们是如此的善良，团队是如此的温暖，工作和生活原来是可以如此美好的！只要你想，随时可以分享，随时可以因分享而获得快乐。

分享是具有团队精神的表现，分享是一种舍得，原本属于你的有些东西要与人一起分享；分享是一种胸怀，它让你心中有团队，一心为集体；分享是一种智慧，因为它放大了幸福和成功，收获了快乐；分享是以中国荣耀，它让人与人之间充满支持和信任。

相互协作，共同进步

西点人十分注重相互协作，认为只有合作才能发展，因为个人的力量永远不能和团队的力量相比。西点学员都懂得只有建立良好的伙伴关系，才能取得共同的进步。

年轻人要想获得未来事业的成功就要像西点学员一样学会与人合作，合作一方面可以弥补自己的不足，另一方面还能形成一股更强的力量，这样才能更好的地适应社会的需要，更快地获得成功。

经营企业也是一样的。只有善于合作才能把企业做大、做强，王永庆就特别强调合作的重要性。他认为所谓的团队不一定是自己内部的团队，与外界的合作者建立起来的合作关系，也是一种团队的表现。只要拥有一个相互协作的团队，让双方达到共赢，就一定会赢得成功。

西点军校为了增强学员间的团结协作精神和凝聚力，特设了巴克纳野战营，通过在这里的训练来达到这样的效果和目的。

巴克纳野战营的演习是十分紧张和残酷的，其目的就是要让每一位学员在演习中学会团结协作，让他们领悟到团结的力量。巴克纳野战营的训练项目有很多，排除障碍就是其中的训练课程之一，这个课程的目的就是让学员在障碍面前，可以互相帮助，共同完成任务。其中有一项活动的要求是这样的：学员每6个人一组，爬上一个有4级台阶的平台，每级台阶间隔2.7米，一组人都必须爬上去，然后再爬下来。教官不会告诉学员该怎么做，但学员们站在地上看着这个10多米的高台，心里非常明白不互相合作是爬不上去的。

还有一个训练是这样的：学员分成若干小组，每组35人。各小组在规定的时间内，完成搭好一座临时组合桥的任务。这种临时组合桥，每一块桥面和梁柱都有几百公斤重，仅仅抬起一块桥面，就需要一大群人的力量，所以大家必须依靠团队合作才能完成任务。

西点学员最终都能够顺利完成任务，取得合格的训练成绩。当然，这都是因为他们懂得，在一个团队中，只有相会协作，才能共同进步。

从某一方面来说，现代公司的竞争无疑是团队间协作能力的竞争。只有员工具备精诚合作的团队精神，才能保证公司立于不败之地。在专业分工越来越细、市场竞争越来越激烈的前提下，合作变得越来越重要，单打独斗永远不可能取得很大的成就。只有打造一支具有合作精神的团队，才能保证公司实现自己的目标。

星巴克是全球最大的咖啡连锁店，它的成功得益于注重和培养员工之间的合作精神。

星巴克的每位员工在工作上都有比较明确的分工，有人主管咖啡的制作，有有人专门管理内部库存，有人专门负责收款。但每个人对店里所有的工种，都要求能熟练地掌握。因此在分工负责的同时，在少一个人的时候，别人立刻就能顶上。当一个员工很忙，而其他人不忙的时候，那个不忙的人要主动帮忙。

作为星巴克的员工，无论你来自哪个国家或地区，只要你进入星巴克就要在商店开张之前到星巴克总部接受3个月的培训。培训的主要内容不是和咖啡相关，而是将大部分时间用于让员工们之间进行配合。为了鼓励员工发扬互相协作的精神，公司设计了各种各样的小礼品，目的就是要让每个员工都能体会到合作的重要性，合作才是公司发展进步的核心。

星巴克能在市场中独占鳌头，就是因为这个原因。

虽然不可能人人进入星巴克，但却可以学习星巴克员工的协作精神，协作永远是使自己受益、也让别人受益的一件事。只顾自己既不会让别人受益，也不会让自己受益。"一荣俱荣，一损俱损"说的就是这个道理。因此只有懂得协作的人才能明白协作对自己、对他人乃至整个团队的重要意义。

只有与别人相互合作、彼此相互扶持才能实现目的和达成愿望，最终取得共同进步，为人生开启一片崭新的天地。

第八章
团队创造价值

目标一致的团队可以让所有团队成员的劲使到一处，在这样的团队里，大家都能不计个人得失，为了团队努力到底，并且能在有限的时间里以最快的速度高质量地完成任务，最后赢得团队的胜利。

强调团队意识

伟大的"篮球之神"迈克尔乔丹曾说过一句名言："一名伟大的球星最突出的能力就是让周围的队友变得更好。"

迈克尔乔丹凭借其高超的球技和所获得的荣誉被喻为"篮球之神"。但是，任何时代，英雄的业绩都不是一个人所创造，包括乔丹。那时的芝加哥公牛队还有皮蓬、罗德曼、科尔、朗利、库科奇、格兰特等杰出的运动员，他们组成了一支优秀的团队，才成就了芝加哥公牛队两个三连冠的霸业。可以说没有乔丹，就没有芝加哥公牛队20世纪90年代的辉煌；没有乔丹那帮伙伴，也同样不会有那个辉煌的时代。这些所体现的正是团队力量的魅力。

21世纪的竞争态势已经很明显，一个伟大的团队的作用远远用于英雄个人的作用。奥运会上美国梦六队的失利，NBA中巨星云集的湖人败给没有大明星的活塞队，都说明了这一点。

不仅体育中的项目如此，现代社会中的商战也是如此。

时势造英雄，这是我们最喜欢说的一句话。现实中的确如此。柳传志、杨元庆、郭为就是中国改革开放以来，IT界发展造就的时势英雄。但这二三年联想的发展出了一些问题，遇到了一些困难，原因肯定是多方面的，但就我们搞"团队"研究及训练的人来看，团队建设中的不足是原因之一。我看了人力资源专家章义伍先生的一篇文章"把信带给杨元庆——谈联想与麦当劳的文化差距"，觉得文章里分析得很有道理。

章先生说："联想与麦当劳在人力资源上的差别主要体现在领导团队建设、干部选拔、培训机制、人员激励四个方面。"

"联想的总裁几乎无人不晓；但中国麦当劳的总裁是谁，恐怕就很少有人知道了。"

"联想很强调企业家和能人的贡献，而麦当劳强调的是管理团队。"

"联想'班子'优秀主要体现在以杨元庆为首的高层，在中层，也就是事业部和部门经理这个层面，相较之下却没有麦当劳那么理想。"

"联想大部分中高层人才是内部提拔的，而麦当劳永远是60%左右的人员内部招聘，40%外部引进，确保管理层的内外融合。"

从章先生的分析中，我们看出，一个企业不仅仅需要高层那么几个英雄人物，更需要形成中层强有力的团队，也需要普通员工的团队精神。现在联想也意识到了这个问题。最近联想集团"打造虎狼之师"的口号，就是想重现联想创业时的团队战斗力。

人是要有一点精神的，一家企业的生存和发展也是需要精神力量的。无数的个人精神，凝聚成一种团队精神，这家企业才能兴旺发达，基业长青。

比尔·盖茨是世界首富，IT界的精英，商业界的英雄，他的巨大成就令世人赞叹，而他带领的微软团队更是让人叹为观止。

微软向世界正式推出 Windows 95产品时，进行了一场声势浩大的市场推广活动，它整合了营销沟通中的各个层面，包括：公共关系、名人背书、事件行销、广告和零售刺激。所有的这些沟通活动展示了整个营销沟通的伟大力量，同时也体现了微软营销部门和所有参与这次活动的其他公司的统一团队精神。这场令人叹为观止的营销传播活动在全球持续进行，前后历时24个小时，活动费用超过二亿美元。整个营销活动从新西兰首都惠灵顿开始，首先力推第一张Windows 95软件盘。随后，活动向西移至澳大利亚，一个巨大的 Windows 95箱柜被拖船运送到悉尼港。这次营销活动中的几个亮点值得许多营销人士研究和借鉴。其中，最令人惊奇的是：微软在波兰做宣传时，租了一艘全封闭的潜水艇装载记者。微软用全封闭没有窗户的潜水艇作宣传，目的很明显，它暗示着"如果人类生活在没有窗户即Windows的世界上，生活将会是怎么样？"另外一个亮点是，微软在西班牙举办了一场与微软总裁比尔·盖茨当面对话的会议。此外，微软公司在美国总部举办的一场 Windows 95嘉年华会也值得众多业内人士推崇。这场嘉年华会通过互联网向全世界现场直播。当晚，嘉年华会进行到最后时刻，微软总裁比尔·盖茨和美国著名电视节目"今晚秀"（Tonight show）的主持人杰·雷诺一起登场亮相，把这场大型的市场营销传播活动推向高峰。

这么一场声势浩大的市场营销传播活动需要投入大量的物力、财力和人力，一个团结、步骤协调一致的团队在其中所起的作用显而易见。120多家公司受雇于微软，在这次大型的市场推广活动中出谋献策，制订有效策略并执行，为这次活动的成功做出了巨大的贡献。几千人组成的团队参与了这场新产品推向世界的市场营销活动。组成人员中包括微软的高层管理人员、公司外部的软件销售商和当地的零售商。一个由60人组成的公司营销团队专门从事整个活动的协调工作。每一个微软产品部门则专门负责制订和执行自己的促销计划。当地的零售商为了配合"午夜疯狂"推广活动，专门在午夜过后开店，开店时间持续95分钟（暗示Windows 95），吸引了众多媒体的注意力。

没有微软各个部门、各个层次的员工协作，就没有Windows 95成功的市场推广。

所有的西点人都有着高度的团队意识，他们明白无论是在什么状况下，团结在一起才能无往不利。美国陆军军官经常说的一句话是："同伴间要友谊和忠诚。"这与西点人常说的"精诚团结直到毕业"有着同样的道理。

黑格将军在尼克松政府里有着重要的地位。他先是从基辛格的副手干起，后来有受到尼克松的赏识，成为总统身边的红人。他之所以能成功，除了与他努力工作、优秀的参谋技能、与上司保持亲密无间的关系、熟悉政客们之间的政治游戏之外，还有至关重要的一个原因，那就是西点培养的团队精神。黑格将军用的助手全部是从西点出来的，在他们的共同努力下，让这个西点小团队终于为天下所熟知。

黑格自豪地说："西点军校是团结一致的优秀典范，美国的许多政策也是据此而来的。"随后又说："当美国政府的政策方向不明、国家不知向哪个方向发展的时候，西点军校可能就会瘫痪。"其实，事情并没有他想象的严重，因为西点历来不鼓励学员去评论制定政策的各种设想和观点，西点总是这样教导学员："作为美国未来的陆军军官，你们唯一应该做的，就是怎么样做好本职的工作，而这工作当然是为美国的内外政策服务的。"

西点人也的确做到了团结一致地贯彻执行国家和军队的各项命令。

除了强调团队意识和学员之间的互帮互助，西点还要求学员们要有共同承担责任的观念，因为军队是一个整体，在战争的时候一个人犯错就可能会导致整个军事行动失败，所以在西点军校里，一个人犯错则他所在整个小队都要一起受罚。

具有团队意识意味着你代表的不是个人，而是一个团队。西点的学员都有高度的团队意识，他们明白无论在什么情况下，个人的力量总是比不上集体的力量。

一个病入膏肓的老人在死前把三个儿子叫到病榻前："孩子们，你们试试能否把这捆箭折断，你们知不知道为什么把它们捆在一起？"

大儿子拿起这捆箭，使出了浑身的力气也无法折断，只好把它交给了老二。

老二也没能折断。

最后是小儿子，他也没能折断。

"我就能折断，"老人说，"你们看。"老人打开这捆箭，从里面一支一支地拿出来，然后毫不费力地折断了。

"这就是团结一致的力量。儿子们，我这样做就是要告诉团结的重要，你们要团结起来，这样才不会被别人打倒，也只有团结才能让你们战胜困难。"老人感到自己越来越不行了，就对孩子们说："孩子们，一定要记住我的话，你们要向我发誓，一定要团结。"三个儿子向父亲保证，一定会遵从他的遗言。

父亲满意地闭上了眼睛，阖然长逝。

三兄弟清理父亲的遗物时发现父亲留下了一笔非常可观的遗产，但同时他们的父亲生前也有很多问题还没有处理，一个邻居又因为土地的问题要和三兄弟打官司，而有个债主则要他们还债。

开始的时候三兄弟还能协商处理问题，也解决了一些问题，但没过多久三人就开始离心离德，因为各自的利益问题，又吵得不可开交，最后只好分家了事。此时债主和邻居提出申诉，因为三兄弟不团结的原因，导致三兄弟输了官司，最后赔上了各自的全部家当。这时候，他们才想起父亲临死前教导的"捆在一起又的箭"，但现在已经无济于事，只能从头再来了。

很多时候别人尊重你或对你有所忌惮并不是因为你这个人如何了不起，而是忌惮你身后强大的团队。如果你脱离了团队，可能就会发现自己原来什么都不是。

团结就是力量，很多个微小的力量相加，也能汇聚成强大的力量。

布莱克说过："没有一只鸟会飞得太高，如果它只用自己的翅膀飞。所有的人都因在团队中得以互相的扶持而比单独奋战达到更高的目标。"

西点军校是培养将军的地方，但是团队精神更是他们所推崇和强调的，试想如果每一位西点毕业生都只注重个人英雄主义，那么整个军队就无法配合，很难成为一个高效的团队。

西点军校有着严格的处理战友关系的三句短语：彼此和善，友好亲切，凡事沟通。他们非常注重培养学员之间的感情，因为当这些学员成为一名真正的战士后，他们曾经的同学情谊会让他们更懂得合作的重要性。

在很多人眼里巴顿是一个个人英雄主义者，而这其实只是表面现象。巴顿领军有着非常独特的个人风格，那就是勇猛。这位毕业西点军校的将军完全继承了西点人的集体观念，强别强调团队的力量，并且知道如何让将士们团结在一起，在战争中发挥出最大的力量。事实上，这也是每一位军事指挥官面临的最大问题，因为打赢一场战争靠的是全军的力量，再有能力的指挥官都不能脱离集体而独立存在。

二战的时候，巴顿将军为了团结人心和振作军队的士气，经常做演讲，到军区医院看望伤员。有一段时期，美军伤亡极大，战士们士气低落。这时候巴顿出现了，他带着40枚紫心奖章，直奔战地医院做演讲，他的举动带给士兵极大的勇气，让他们重新振奋起来。

巴顿很会凝聚军心。有一次，他看到一位胸部受伤的士兵，就大声说道："好极了！我可是刚看到一个德国士兵连胸腔和脑袋都没有了呢！我要告诉大家一个好消息，相信大家听到这个消息后，一定会觉得自己受的伤特别值得。因为你们的英勇，解决了8万余名敌人，他们有的被打死，有的被俘虏了。你们凭借着强大的勇气干掉了8万多敌人！这还只是初步的一个数字，而实际上应该比这还要多。我勇敢的士兵们，赶快养伤吧，炮声震天的战场还需要你们呢！"

巴顿又走到另外一名受了伤的士兵前。这位士兵伤得更重，他戴着氧气罩，还仍然处于昏迷中。巴顿脱下头盔，跪在士兵床前，为他戴上了一枚紫心勋章。接着巴顿在那位士兵耳边说了很多鼓励的话。

巴顿的举动让病房中所有的将士都非常感动，他们为自己有这样的首长而感到骄傲。巴顿非常体恤下属，他曾经向上级建议："凡是受伤3次的士兵，应该立即送回美国，因为他们已经付出的够多了。"

巴顿在团队建设上也很有建树，他在战场上带队伍时奖罚分明，军令如山，治军极为严谨，努力打造一支团结的钢铁团队。

有一次巴顿在病房慰问伤员，突然发现病床上躺着一个年轻人，他仅仅服役8个月，看不出伤在哪里。巴顿找到医生要了他的病历，看了一眼后大为恼火。因为那个年轻人并没有真的受伤，而是向医生声称自己不舒服，这才住到了医院里，而医生诊断后判断他患有"忧郁型精神病"。

在巴顿看来，这个年轻人根本没有病，只是患有"怕上战场"的病症。巴顿一把将这年轻人从病床上拽起来扔了出去，并下令立即将他送往前线。病房中的士兵都非常惊讶，因为这样做巴顿可能会受到弹劾。这件事情确实曾经被美国媒体翻了出来，很多人以此来攻击巴顿，然而这年轻人却主动提出不想再纠缠这件事。据说后来这位年轻人在前线立下不少功劳，还获得了紫心奖章。

很多媒体非常支持巴顿的做法，因为在战场上如果纵容这种变相逃跑的行为，那将会很伤那些敢打敢拼的战士们的士气。巴顿这样处理问题就能让大家变得齐心协力，因此巴顿这样做可不是因为脾气暴躁，或是为了逞一时之勇，而是真的从大局和整个团体来考虑的。

西点军人的团体意识相当强烈，他们甚至会为自己同为西点的学生而感到异常亲切。即使相互之间从未谋面，但是校友一旦有要求，都会尽力帮助。

感受团队力量

西点学员对英雄都极为崇拜，都希望成为英雄，但英雄也要靠团队。体育界经常出现英雄，像梅西、C罗、詹姆斯等，他们在赛场上也要讲究团队配合，不然的话靠他们一个人是赢不了比赛的。这个只有服从于整个团队，和队友们默契地配合，才能打出好球，让自己的球队取得好的排名，同时也为自己赢得荣誉。

同样的一个球员不可能在每场比赛中都是明星，荣耀和胜利是由整个团队的成员共同创造的，并不只是某一个特别出色的球员完成的。也许在这个球队里，可能你的个人能力很出色，可能你的技术更能让人过目不忘，但千万不能在别人以为你是英雄的时候而忘了团队的力量。

所以，真正的英雄懂得团队的配合，不会夸大自己，比如从西点毕业的艾森豪威尔总统就是这样。

1942年，正是第二次世界大战打的激烈的时候，艾森豪威尔被任命为欧洲战区司令官到伦敦任职。当时艾森豪威尔并不出名，而且仅仅是少将军衔。当时美国有366名将军都比他的军衔高，却没能得到这个职位。盟军之中有美国人、英国人、加拿大人、法国人、荷兰人和比利时人，这么多的国家组成的盟军在语言、传统、训练习惯、利益出发点等方面都有很大的差别。很多人在得知艾森豪威尔将奔赴欧洲战场这个消息时，觉得他能胜任这个职位吗，还有的一些职位高的将军则充满了嫉妒，因为没有得到这个职位而愤愤不平。然而日后的事实证明，艾森豪威尔作为欧洲战区司令官是很成功的，也立下了不朽的战功，而这也是他日后能够竞选上总统的最大资本。

艾森豪威尔到了伦敦后，立即开始对美国军官进行了团队合作的教育，要求他们与其他国家军官友好相处，对于无法遵守这一点的军官立即遣送回美国，谁都不能例外。而他自己也以身作则，与各国的将军和指挥者建立了良好的关系，尤其注意与英国政治人物的联系。所以，英国首相丘吉尔及其他军政要员，都对他评价很高。

在一次新闻发布会上，艾森豪威尔对记者公布了下一次盟军的攻击目标。当记者们知道这个消息是真的时，都很惊讶地问艾森豪威尔："您不怕这些信息泄露吗？"

艾森豪威尔回答道："当然担心，但是我相信我们的利益是一致的，相信各位的团队精神。所以我不打算审查你们的新闻稿，就看你们彼此之间的监督和责任感了。"记者们不禁感叹，这种让他们彼此监督的方式，是极为高明的手段。那次军事信息当然没有被泄露出去。

西点学员们平时在学校生活中一直处在攀比的状态，有一些学员会彼此竞争或在学业上竞争，或是在训练中竞争，又或者在体育活动上竞争……但是，一旦出现团队行动，他们就会高度的团结在一起，平时的竞争只是为了提高个人的能力。正所谓不打不相识，有时西点学员之间的友谊恰恰从竞争的时候培养起来的。

中国的应试教育制度，在培养具有合作精神的人才方面，就有一定的局限性。从应试教育中走出的人才，往往更注重竞争而对忽视彼此间的协作。当然，竞争本身并不是一件坏事，它往往能使竞争的双方产生一种危机意识，因此而更加的努力。但是这种"关起门来的竞争"实际上是在变相鼓励"零和博弈"的竞争，你输我赢，或者是相反的结局。这样往往会令广大的学生产生这样的认识：觉得唯有自己力争上游，比别人成绩好才是唯一的进步。

社会不能没有竞争，也不缺少竞争，有竞争这个社会才能不断地发展。但是并不是所有的竞争都是你输我赢的关系，也并不是竞争的双方就不能合作，而是可以进行资源互补，建立良好的合作关系。

比如，有两个同学是班级的前两名，他们为了争第一总是不愿意互相交流，总是希望自己能够战胜别人。但如果到了年级组，他们就需要竞争年级排名，到了高考更是要和全国的孩子一起竞争，所以如果不能够共同进步，那么在班级排名再靠前也是落后和退步。那么他们之间为何不可形成一种良性竞争又彼合作的情况呢？竞争并非完全排斥合作，而合作也不一定意味着没有竞争。在竞争中谋求合作、在合作中有序竞争，才能实现优势互补、资源共享和双赢。

曾有一位博士画过一张世界地图，奇怪的是这张图并非我们常见的那种普通世界地图，这张地图上的很多部位都是三角形的，所有地图就像是一个外太空的太空站。

虽然地图上所有的角落都是尖的，可是当人们将尖的地图向后合在一起的时候，不可思议的事情发生了：它们竟然组成了一个完整无缺的球体——那些最尖锐对立的三角形竟然拼成了最圆满的圆形！

它要告诉我们的是：在我们眼中对立和冲突的世界，其本质是相关联的，也是能融合在一起的。地球以它本身的形态，向我们证明了一个最重要但却被许多人忽视的真理：竞争总是与合作并存的，激烈的竞争需要相互之间的合作，合作和发展才是最终的发展方向。

俗话说："一人不敌二人计，三人合唱一本戏。"无论是学习还是团体的活动，都可以互相交流，良性竞争促进双方的进步。

所以我们要像西点学员们学习，需要理性地处理竞争与合作的关系，不能将眼光狭隘地局限在个人或一个小的集体。该竞争的就竞争，该合作的时候就合作，这样我们的能力才能真正得到提高。

成功的团队是不存在失败的，因为团队的力量来源于团队中的每个人，大家只要都发挥出自己的优点和力量，就能完成团队的任务。当然，每个人的心中难免都有一些个人英雄主义，希望能够得到很多人的认同和称赞，渴望自己受到关注，这是很正常的心态，因为英雄总是为世人所称颂的。

但英雄离不开民众的支持和团队成员的努力，没有背后强大的力量支持，即使本领再大，也做不出什么很大的英雄事迹来。

海豚的捕食过程就是一个团队合作的过程。海豚看到远处游来一群鱼，它们即使非常饥饿，也不会飞扑向鱼群，因为这样会冲散鱼群。

海豚一般会这么做，它们尾随鱼群慢慢游动，并发出自己特有的吱吱声，向大海的远方发出信号。于是越来越多的海豚都游过来，加入到整个队伍中，并且一同发出信号。当海豚增加到五十个的时候，它们还是没有任何动作。当海豚的数量到一百只以上的时候，奇迹发生了：海豚将鱼群团团环绕，形成一个球状体，把鱼群全部围在中心。然后它们分成小组，有秩序地冲进球形中央，慌乱的鱼群无路可逃，只能乖乖地成为这些海豚的囊中物。当中间的海豚吃完之后，它们就会游到外围，替换在外面工作的伙伴们。然后外面的海豚再进去享用美味。

因此，海豚的捕食过程就是一个精诚合作的过程，如果一只海豚发现了美食，便冲向前去猎杀，最多抓住几条鱼，自己吃不饱不说，还惊吓了鱼群，害得附近的海豚都吃不到。

个体的力量终究是有限的，唯有加入团队才能有更大的成就。

曾经听过这样一则寓言：在非洲的草原上如果见到羚羊在奔逃那一定是狮子来了，如果见到狮子在躲避那一定是象群在发威了，如果见到很多狮子和大象集体逃命的现象，那一定是蚂蚁军团了。由此可见蚂蚁军团的强大，一只小蚂蚁是微不足道的，但是当不计其数的蚂蚁聚集在一起之后，就组成了一个庞大的蚂蚁军团，它们让巨大的大象们和凶猛的狮子们都只有逃命的份。

西点学员在学习方面，不同的人擅长的科目也不同，那么他们之间就可以彼此交流，可以相互辅导。在个人荣誉方面，班级集体可以拧成一股绳，共同获得荣誉。最关键的是在学生时代积累的朋友，将是你一生的财富，具有团队精神的人才能够获得更多的朋友。孤僻冷傲的人，将错过学生时代那最纯真的友情。

将心比心，为同事着想

西点军校的学员之间的竞争是很激烈的，但是学员之间无论怎么竞争，都不会因此而结怨。有时候，学员往往会站在对方的角度替对方考虑，这也是西点军人的优点之一。

很多人会犯错，实际上犯错也是分为很多种的。假如一个人确实犯了错，但你在设身处地的考虑当时的情况之后，觉得他犯错是有原因的，如果当时自己面临这种情况，说不定也会犯错。当遇到犯了这种的人时，不要一味的批评和指责，而要尝试去理解他，试着找到其中的原因，帮助他改正自己的错误，做一个真正有智慧和宽容的人。假如你可以做到这一点，那么下次在你犯错的时候，就会有人设身处地地为你考虑，帮助和安慰你，因为你对别人宽容就能赢得别人对自己的宽容。

现在的很多年轻人身上很少具备这样的品质，很多人只会为自己考虑，很少为别人考虑，自己怎么舒服怎么做。因此在别人出现错误、遇到麻烦的的时候，很难听到他们的鼓励和安慰，而且还可能冷嘲热讽或落井下石。

然而人要想在社会中生存，宽容大度的胸怀是必不可少的，凡事多替别人考虑。你能对别人怎样，别人就会对你怎样。多为他人想一想，你会受到别人的欢迎和尊敬。卡耐基在这一方面做的就很好，看了下面这个关于卡耐基的事，你一定会受益匪浅。

　　卡耐基非常喜欢在公园散步，而且他还很喜欢植物，所以每当他看见一些小树被人烧掉的时候，就感到很伤心。其实这些并不是因为一些人粗心造成的，而是"人为"造成的，大多数起火都是因为孩子野炊引起的。有时这些火蔓延得很快，最后不得不叫来消防队员扑火。虽然在公园的边上有一块布告牌，上面写着：凡引火者将会被罚款或拘禁。但由于这布告竖在公园比较偏僻的角落里，所以很少有人能注意到，时间一久大家对此事也就不那么重视了。

　　公园由一位骑马的警察在照看着，但他很显然对自己的工作不太满意，所以也就很少费时间到公园巡视，火灾的发生就是必然的了。

　　有一次卡耐基跑到一个警察身边，告诉他公园起火了，而且火势已经越来越大了，要他通知消防队。警察却冷漠地回答说，那不是他的职责，因为这不是他的管辖范围。卡耐基对警察的举动很失望，显然靠他来保护公园的植物是没有指望的了，所以从这时开始，卡耐基决定自己个人承担起保护公园植被的责任。

　　一开始他看见孩子们在树下生火弄烧烤的时候，非常气愤，于是就上前警告他们，出言恫吓他们，让他们立刻将火扑灭。他还说，如果拒绝这么做，就把他们交给警察。那些孩子们被他一通训斥，也很是恼火，不过害怕被扭送到警察局，所以就假装同意熄火。而在卡耐基离开后，他们又重新生火了，而且把火生得大大的。显然，卡耐基的做法并没有取得良好的效果。

　　后来卡耐基遇到类似事情的时候，不再像以前一样强硬，而是走到火堆前向他们说："孩子们，这样很快乐是吗？你们一定是在弄野餐……其实我像你们这么大的时候，也很喜欢生火。但你们应该知道，在公园中生火是很危险的，很多树木会因此被烧掉。你们一定不想看到可爱的树木被烧毁，但是要知道不光是你们来这里，还有别的孩子们也会来这里。我知道你们一定会很小心，可并不是所有的孩子都会像你们这样小心。那些孩子看到你们在这里生火，也会跑过来生火，万一他们不小心，导致公园起火，就会烧毁很多树木。你们想想，如果没有了树林，一个光秃秃的公园，谁还会来这里玩呢？因此你们虽然玩得高兴了，但却毁了这个公园，所以你们走的时候，最好把野餐生火附近的树叶弄的远一些，也可以把没烧完的柴火埋起来。其实我倒有个一劳永逸的解决方法，如果你们确实喜欢生火，可以到山丘那边的沙滩中，那里就不会有起火的危险了。孩子们，再见了，祝你们快乐。"

卡耐基这么一说，孩子们便产生了一种认同感，不但对卡耐基没有丝毫怨恨，反而觉得确实应该保护公园里的树木，不让它们受到火灾的侵害。虽然孩子们做得不对，但卡耐基依却保全了他们的面子，让他们觉得这些话完全是在为他们自己着想。

卡耐基开始的沟通就比较极端，怒火万丈地训斥一番丝毫得不到想要的结果，而为孩子们考虑，反而换来了孩子们的尊重，同时也达到了目的。

正如富兰克林所说的那样："如果你自家的窗户是玻璃的，就不要向别人家的窗户扔石块。"因此当你在遇到问题时，能多站在别人的角度看问题，为别人想一想，才能够理解和宽容别人，也才能以最佳的方式解决问题。

这也就是通常所说的"换位思考"，当你做到这一点时，你会发现原来生活比你想象中的要美好很多，很多人都是那么的可爱，这样你的心情每天都能保持在最佳的状态。

当然，在工作中你更要学会换位思考，当受到领导批评的时候，你要站在领导的角度考虑：他为什么会批评我？我需要做到什么程度才不会被批评？如果你是领导，你自己会选择批评员工吗？你会要求员工怎样做？认真地进行自我反思。比如自己工作中存在的不足、工作在哪一方面做的还不够等等。和同事之间相处也应如此，虚心听取别人的意见，当被同事指出错误时，应当及时改正。在不断的自我改进中，工作才能越做越好。

假如你懂换位思考，那么整个世界都能和你站在同一立场。为同事着想，就会获得同事的尊敬；为公司考虑，你就能获得老板信任；为家人考虑，你就能得到家庭的温暖……

这个世界没有绝对的对和错，在一个团队中当别人出现问题时或犯错的时候，要换位思考，也许你自己也会犯这样的错，以理解、宽容的态度去对待别人，多为对方想一下就会有不同的结果。这样不但让对方觉得欣慰，认同和尊敬别人也能获得别人的认同和尊敬。

高效团队需要目标一致

从西点走出来的巴顿将军曾说过："每一次军事行动都要有清晰、明确和切实可行的目标。"因此在训练学员的时候西点军校有这样一个训练策略，就是假想一个团体共同体的敌人，然后激励所有的学员去打倒它。因为只有所有人的目标一致，才能提高工作效率，激发出团队最大的力量。

他们对这个"敌人"进行一定的解释和描绘，因为战争的最终目的是消灭敌人，因此西点军校为此制定了一些需要完成的任务：主要包括攻占敌人的大城市、交通要道、战略要地等，并且要求各级别部队协同作战，共同完成这些目标。因为团队目标一致才能出色地完成任务。

作为一个团队要想更好地完成目标，就需要团队成员之间团结一致，需要在利益和方向上达成一致。同一个目标，才能激发团队成员的斗志，也才能让成员们配合默契。拥有共同的目标，对于一个团队来说是至关重要的，因为目标不一致就等于这个团队是一盘散沙，没有丝毫的战斗力。所以的团队成员都必须为了自己的团队，向着同一个目标前进。

足球比赛就是这样一种运动，一个足球队上场的11个队员，只有一个目标：那就是把球踢进别人的大门，同时守住自家的球门。

但是，为什么同样的队员、不同的教练最后可能会出现不一样的情况呢？不同的教练所使用的训练方法是不同的，从而影响或者改变了球队的风气。因此要想赢得比赛，就要让所有队员都有一个同样的目标，并为此制定一套程序，告诉大家该做什么。

有时候一个团队只要有了共同的目标，就算没有人告诉大家应该怎么做，他们也会不约而同地朝着某个目标努力，形成统一的一个整体，尽全力为自己的团队争取到荣誉。

1912年，斯瓦伯出任卡耐基钢铁公司的第一任总裁。上任不久的他发现公司的一家钢铁厂的产量总是上不去，在公司处于垫底的位置。于是他便来到这个厂里，找到厂长问道："你们厂的规模和其他厂一样大，为什么你们的产量老是低于其他的厂呢？"

"非常抱歉，总裁先生，"厂长回答，"我对员工什么方法都用了，都没办法调动他们的积极性。我甚至威胁他们，说要炒了他们，但他们丝毫不怕，对工作不热心，表现得很懒散。"

斯瓦伯见白班和夜班的工人正在交接班，于是想出了一个计策来——给大家订一个共同的目标。

于是斯瓦伯便向厂长要来一支粉笔，当白班的领班从他身边走过时，他问道："你们今天炼了几吨钢？"

领班回答说："6吨。"

斯瓦伯用粉笔在地上写了一个很大的"6"字，然后什么都没有说就离开了车间。

前来接班的夜班工人看见车间门口的地上写着巨大的"6"字，便好奇地问白班工人这是谁写的。白班工人说："我们今天炼了6吨钢，总裁过来了，就在地上写了个'6'字。"

第二天早晨，斯瓦伯来到车间门口，发现昨天他在地上写的"6"

字已经变成了"7"。原来夜班工人齐心协力，这一个晚上不再偷懒，超过了白班工人。当白班工人也看到了地上的"7"时，立刻明白夜班工人昨晚努力了，吨数超过了自己，这立刻激起了白班工人的斗志。白班工人当然不肯输给夜班，于是他们更加努力，为了超过夜班工人，大家一齐努力在下班前炼出了10吨钢。

因为白班工人和夜班工人的目标一致，那就是超过对方，所以他们在工作中格外的努力和合作，钢铁厂的产量逐步提高。没过多久，他们厂的钢铁产量在卡耐基公司就名列前茅了。

目标一致的团队可以让所有团队成员的劲使到一处，在这样的团队里，大家都能不计个人得失，为了团队努力到底，并且能在有限的时间里以最快的速度高质量地完成任务，最后赢得团队的胜利。

因此，在工作中要想成为团队中不可或缺的一员，就要把团队的利益置于在最高的位置，暂时抛开个人利益，只有所有团队成员都有团队利益至上的观念，就等于形成了一个共同的目标，这样才会出现一个高效的团队。

此外，还应该像西点学员一样为了完成任务可以将个人利益放在一边，配合其他成员完成共同的目标。只要具备这样的品质，就能成为一个优秀的员工，也就能慢慢变成公司的核心人物。

一个明确和共同的目标，是团队所必须的，有了这个目标那就去努力奋斗吧！一个人有目标，那他就会去努力奋斗；一个团体有目标，也同样会努力奋斗。有目标奋斗才有力量和激情去奋斗。

第九章
修炼团队模式

　　所有的成功不是自然形成的产物，而是运用一种模式所产生的结果。一个好的团队模式对团队变革会产生事半功倍的效果。如果没有这种效果，就会出现老板说得多，辅导者听得多；老板解决问题，辅导者则防范问题的发生；老板发出指示，辅导者则提出挑战；老板将自己置于员工之上，辅导者则和员工一起工作；老板推卸责任，辅导者则承担责任的局面。

模式之一：加强团队培养

在公司的发展过程中，有很多因素都是它本身所无法控制的。比如说，从经济的不稳定状态到竞争对手难以预料的行动，公司就更应该对自己能够控制的一个重要因素，即员工的素质加以培养，尤其是要对那些身居要职的员工的素质严加控制。毕竟在竞争激烈的市场环境中，人才是一个组织最重要的财产，也是该组织年复一年取得进步的重要保证。他们的判断、经验和能力将在很大程度上决定一家公司的命运。许多领导宣称：创建一个支持员工充分发挥潜能的学习型组织是必不可少的。但实际上，很少有领导者能够对人员配置工作给予足够的重视。他们和他们的组织根本不知道自己需要设置什么样的工作岗位，从而也就无法给员工提供发挥才能的舞台空间。结果，这样的公司通常无法聘请、提拔和培养那些具备领导者素质的人才。

这正像我们注意到的那样，在很多情况下，领导者会把更多的精力用于思考如何扩大组织规模上面，从而也就无暇顾及企业的人员配置。在这个过程中，他们实际上忽视了一个重要的问题，即企业人员的素质正是使自己在与对手的竞争中获得优势的一个重要因素。当然，在任何企业中，人才的培养都是一个长期的过程，但当考虑到企业的长远利益时，我们就会发现人才的正确选拔才是企业获得可持续发展的关键所在。当然，我们在培养员工方面，除了让员工进修或者加入其他培训课程外，还要做到：

欣赏每个员工的独特之处。向你的团队宣扬每个人都是独一无二的，你就能向他们证明你看重并欣赏所有员工带给组织的个人才干和独特之处。没准，你真的可以发现出类拔萃的人才。

推动头脑风暴法以取得更大成效。组织员工建立兴趣小组是一种推动头脑风暴法、激励团队的有效方式。

承认有意义的目标对人们的重要性。你要始终相信，诸如个人职业生涯成长、自我认同、创新精神和人生抱负这些对你来说非常重要的东西，对你的员工来说同样重要。

然而，当我向一些高级经理职位的应聘者问起他们如何培养下属时，我会听到一些有代表性的回答，他们告诉我："我让我的员工说出他们心目中理想的工作，让他们坦诚地告诉我，他们工作中喜欢什么，不喜欢什么。"另一个常见的回答是管理者们宣称，他们培养员工的方法是告诉下属，他们要想达到的目标是什么，然后留给员工自己去完成，这样，你就可以利用你听到的意见使工作更有成效。

还有一点非常重要，如果你希望你的员工尽其所能把工作做到最好，如果你希望你的员工成为你最有价值的资产，那么，你应该让他们感觉并实实在在成为企业的所有者。除此之外，你在培养下属方面还可以对员工的行为和绩效提出反馈意见，帮助他们更好地理解什么是有效的工作，什么不是；也可以帮助下属分析形势，通过实例和其他可选方案提高他们的能力；还可以鼓励员工，推动他们去做他们原本想要逃避的工作，帮助他们从这些原本无法得到的经验中成长。最重要的是，这样做你就能够保持对员工的高度期望，并将这种期望传递给员工，从而激励他们尽最大努力地工作。

如果仔细观察那些能够长期取得成功的企业，你就会发现它的领导者都非常重视人员的选拔。无论是作为资产价值数百亿的集团公司总裁，还是作为企业的一个部门经理，你都不可能把选拔和培养领导者的任务委托给其他人，这是一项你必须亲力亲为的事。最成功的领导者会让他的每一个员工都觉得自己是公司的股东。为什么，因为人们一旦感觉某个东西属于自己时，就会悉心照料它、保护它，并心甘情愿地将自己的心血倾注其中。

在大多数企业组织中，建立和培训员工团队是管理层的一件大事。这需要我们注意以下几方面：

● **培训的目标**

因为真正意义上的项目团队培训有一个前提，就是参加培训的成员是以共同的目标和责任作为基础，这样大家在培训过程中才能进一步协调，加强团队凝聚力，培养相互之间的合作与信任。我们知道在项目组织中，团队成员均是来自不同的部门的，有不同的成长背景，在开始的时候，他们没有共同明确的责任和目标，所以很难在他们之间建立一种工作的信任和协作，只是加强了大家的友谊和了解，此时就需要进行团队培训，让不同环境、不同经历背景的年轻人走到一个社会大群体中来，建立起一种互助、协作的氛围。因为我觉得大家在社会上，特别是刚踏上社会的学生以及企业中的年轻经理人，在激烈的竞争压力下，其实是特别需要这种来自于周边群体的合作和互助的。

诚然，在一个团队组织中，当我们对团队成员进行培训时，我们就要注意我们培训的目标是什么，是否包含了以下培训的目标：

1. 为企业员工就企业为何及如何实施文化变革指明一个方向；

2. 明确团队文化对企业员工的新要求；

3. 形成人人参与培训、学习和拥有技能的局面；

4. 建立团队和团队协作关系；

5. 为有效的团队形式开展工作而提供技术。

所以说，一旦这些目标已经达到，团队成员就会通过这样的平台让大家体会到，在社会中不管你的经验、经历、背景和生活环境是怎么样的，是否有优势，其实你并不是孤立无援的，除了你忙碌的工作、竞争和压力之外，最重要的应该是学会如何与别人合作、如何建立周边关系，以及如何去把握友情等等。

● 培训的内容

一个企业要想使自己具有强大的竞争力，有一个方面是绝不容忽视的，那就是加强对每一个员工的教育和培训。我们以美国的惠普公司为例来说明这个问题。惠普公司内部有一项关于管理规范的教育项目，仅仅是这一个培训项目，每年研究经费就高达数百万美元。他们不仅仅研究教育内容，而且还研究哪一种教育方式更容易被人们所接受。

同时，我们还要明白，企业教育是一项有意义而又实实在在的工作，优秀企业的员工，都很乐意接受教育和培训，这对于培养企业的团队精神大有裨益。在企业变革中，我们所讲的培训可以涉及许多支持团队文化变革的话题。它可能包括项目管理、效能的促进、会议的管理及更具深度的发展科技的议题，在关于培训内容的部分中，我们将仅仅涉及培训过程的初始阶段而不涉及到像这样的进一步的项目培训。

● 培训过程的安排

培训过程的安排取决于企业的规模和结构（企业具有的结构层次、部门或团队）。它还取决于为了支持高层领导者的决定和选择的方向而必须做出的决定，以及由谁来做出决定。在这样的情况下，就要在企业内部建立一种培训制度，要教育企业的经营者和全体员工，在努力做好自己工作的同时，还要关心政治，关心他人，只有这样才能使自己与企业的发展相一致，才能让团队成员很好地完成自己的责任，才能为国家、为人民做有利的事。所以，当为培训过程制订计划时，你应考虑运用下列的培训次序来安排框架。

1.高层领导者；

2.变革实施机构；

3.下一个层面的管理者，即那些直接向高层领导者进行工作汇报的人们；

4.中层管理者及其副手以及他们带领的整个团队或部门成员；

5.完整的团队及负责人。

● **培训的期限**

培训的时间可以根据不同的企业和各自的需要来制定，培训过程通常为两至三天。鉴于培训过程中需要实施的工作强度和注意力的集中程度，培训过程最好是走出去进行，这样才能真正地体现出培训的安排不是搞形式主义，培训后的考核、评估都是必要的配合手段。而且评估要与企业的人力资源开发相关联，为其人力资源的含量分析提供量化依据。

● **培训与实践的关系**

无论采用演示培训、传递培训或团队建设培训，在受训者获得技能、理念上的进步之后，巩固的效果需要来自于实践机会，通过实践使培训成果在生产、管理、开发中得到体现。经过一段时间，行为习惯固定之后，培训才真正达到了目的。

　　培训与实践的关系，本身就体现在实践对培训的需求上，原始动机就是因为实际工作中存在瓶颈，需要通过培训加以改善。那些针对个体行为提升方面的培训，实践配合比较容易安排，其实际工作内容在培训前后的变动不大，实践是自然的事情。

　　一些进行团队建设、角色扮演的培训，往往需要在工作调整后才有实践的机会，一些公司在轮换工作方面是有很好的安排的，可以为员工创造出各种表现和发展机会，经过数个岗位之后，员工才真正理解公司的整体运作，建立起多方面的人际关系。

　　培训有两个根本的意义，一是为企业培训出合格的生产、管理或开发人员，二是提升员工的工作能力，使个人有所发展。实践应该说是培训的延伸而不是终结。

模式之二：变革机构

团队组成之后，工作制度随之改变。一些人会产生抗拒心理，认为"这不关我事""我没有受过那方面的培训"或者"这是管理层的事"等。

传统的职位内容半页纸就能说得明明白白，经过半天的培训，工作起来就能得心应手，而如今这种职位越来越少。团队成员不得不同时学习几种职位要领，随时准备换工作、升任领导职务、掌握新的技能并且仍然能以比几年前快得多的速度完成工作。因此，如果不伴有相应的公正奖励，人们抗拒这些变革也就不足为奇了。

所以说，要让团队成员参与变革的计划和执行并要求他们献计献策。要让他们明白，他们所在的企业将如何开始实施基础结构所需的多项调整，以及来自于这些变革模式中的其他要求。很明显，以你平时的工作水平和员工所能完成任务的程度，你可能难以达到文化变革所需要的程度。在那样的情形中，一个变革实施机构可能对此会很有效。

这就是说，只需要对组织的理想文化从能力的角度进行分析，以此作为建立企业理念的开端，企业理念中包含使命、远景规划以及基于价值体系的信条。尽可能使组织中更多部门参与到这一过程中来。确保那些信条能够反映出你的组织较为重要的能力，并要确保这些能力能够被用来巩固远景规划和价值观。这样就容易多了！

所以说，当你在实施变革组织计划的时候，你有许多可以加以运用的策略和方法。方法的采用取决于你选定的非正规机构的类型。一个多重的结构要求得到多层次计划的支持。比如在多数组织中，单纯的变化很少会起到作用。例如在世界巨型公司之一的美国通用电气，一次特殊的变化就可以给它带来彻底的转机，那就是运用到通用电气DNA研究中的群策群力变化形式。美国通用电气公司已经成为世界最具革新精神、盈利最大、最受钦佩的公司之一。通用电气公司前任执行总裁杰克·韦尔奇说："如果一个组织的内部变化速度低于外部世界的变化速度，那么，这个企业将面临崩溃。"这很好地证明了积极变化管理形式和不断地三思而后行这一需求在企业管理中的重要性，同时也体现了变化中的非财政障碍所带来的影响，具体体现为：

1. 人力障碍

缺乏领导才能：当变化未按预期进行以至流产时，其原因常存在于深层面上，具体根植于那些自以为是的领导者的不恰当行为、信念、态度和设想中。

管理人员：尤其是那些过分自信、自以为精明且有控制力的管理人员，通常是变化的最大障碍。

变化中的个人代价威胁到个人利益：变化一旦发生，组织成员将感到利益受损。

2. 团体障碍

高度组织化、固定化的工作方式使机构丧失了敏感性、灵活性与多变性。

克服阻力发生的有效方法是：将人力问题与商业问题分隔开来，使它们脱离联系。

所以说，企业只有明确了组织的目的之后，组织才能有绩效。而要做到这一点，就需要对未来做出预测。尤其是在面对预测和猜测之间存在着很大差异时，就要理解：预测意味着期待，事先意识到某一事物，然后尽可能地注意它。预测能力是高效快速地变化管理形式的基本要素之一。事实上，预测是天生的——每人每天都在做。不幸的是，大多数人只把预测能力限制在例行公事上。如果把这些技能运用到你的事业上，你将拥有一个先起步的优势。所以我建议你：

变化从自身做起。如果你做的任何事情都不起作用，你就得灵活变通——你必须改变你的行动计划，如果现行计划达不到预期目标，你就要改变他人；如果你想改变他人，你必须先改变你自己。

领导的变化。旧的管理方法将不会再起作用。成功的变化需要领导。领导参与着变化的全过程：怎样处于领先地位、怎样掌握、怎样从到来的机遇中获益？最优秀的领导会在经济周期、市场动态和竞争者中率先展开进攻。他们会找寻最有效的方法来获取重大变化——这个变化就是鉴定商业环境中的现实情况并重新安排，使新生力量起到杠杆作用，而不是通过抵制现实来获得竞争优势。

下面的方法将帮助你发动整个组织的力量，使你的企业通过改革更具竞争力：

1. 形成一个见解并使你的见解切实可行。和你的最高管理团队一起行动——他们应该理解，并拥护你的见解。

2. 联合你的员工直至行动的最后阶段。在关键问题上也最好听听他们的意见，例如：你们行动的方向、你们要做哪些变化以及你们需要的财力和物力。

3. 利用员工的反馈，制订战略计划。要把注意力集中在能使你的企业实现既定目标的方法上。

4. 组建不同的领导队伍，分别代表组织的主要思想。他们将负责计划管理形式。

5. 让你的员工知道公司的详细情况和变化进度——他们只有在知道所处位置和行动方向时才能有效地完成使命。

行为变化。知识转移最首要的障碍是人们自己。因此，一个有效的主动知识系统应该包括一个综合的由所有组件（顶层管理者的发起、沟通，为发起者目标努力，以及各种激励）构成的行为改变项目。为了剔除这些人为障碍，重点是要改变特定的行为方式。

激励员工接受变化。你可以选择某种方法来激励你的员工欣然接受改变。对于那些缺乏方向或进取心的员工，根据表现来激励员工的方法特别有用。你也可以鼓励员工反馈一些意见，比如：公司最好在哪里采取正确行动、怎样采取行动，并适当地奖赏一下他们。

在另一方面，对待那些视变化为威胁并阻挠变化进程的人，你要有闯劲。认为有几人例外并容忍他们的糟糕表现的人恰恰犯了重大错误。德力西董事长胡成中说："一个企业在危机关头，不能仅仅只有几个人在进行变革，而是整个企业都必须变革。如果允许那些抵制或反击变化的人留在公司，就等于在向大家宣布，公司的使命是可选择的。更糟糕的是，这等于允许你最不负责任的员工来破坏和影响同事们的态度和表现。"

快速行动。在瞬息万变的新经济形势下，新的口号是："尽力做到事半功倍，行动加快。"为了能快速行动，领导者们就需要建立一个适合变化的环境并培养三种主要能力：迅速思考、迅速决策、迅速行动。

通过建立指导原则迅速决策。

通过项目进行管理变化。变化产生项目。通过项目这一形式，组织得以适应条件的变化，变化也因此受到推动。变化越大，创新越多，由此产生了对项目的需求。这强调了革新增强项目管理的重要性。

由此可以看出，改变人们的运作系统已经非常现实且有必要。只有在统一员工思想和行动后，变革管理才易于推行。其具体表现在于积极心态和环境转变。只有提出构建一种新环境，才能对团队成员的共同价值观、共同标准和共同的系统做出认识。

共同价值观。有了共同的价值观，各级员工就会主动处理问题，从而为企业带来变革，需要特别指出的是，当员工逐渐意识到自己就是公司实施变革的力量时，这种认识比任何东西都更能够改变公司的工作环境。员工共同价值观还包括以下内容：真实、信任、开放、勇于承担风险、诚实、赞许、指引和互相关爱。

共同标准。公司领导人笃信持续改进的精神能够引领公司阔步前行，使变革得以贯穿于企业文化之中。公司的各项运作，如业务领域和经营战略的选择、技术研究和产品开发、企业文化的建设、组织结构的整合等，都要求把持续改进的精神贯穿其中。持续改进的文化内核也由此得到了不断增强。基于持续改进的文化传统和企业经营环境的变化特征，我们就可以建立共同的标准，这些标准包括四个主要方面：享受变化、发现新规则、挑战自我、创造新价值。

共同的系统。大体可以说企业进入了后创业管理阶段，企业就应该建立共同的系统，这种共同的系统使文化传统得以继承和发扬。针对经营环境的变化，并使公司领导持续对经营模式、管理体制和组织架构不断进行改革、调整和优化。共同系统不仅使公司每年追求的目标得以实现，更重要的是它已经成为公司企业文化的内核。

所以说，要想将企业做好，我们必须持续地改变自己。一系列外人看来堪称剧烈变革的改革举措，在我们看来不过是公司运作的自然延续，正是因为持续变革作为公司企业文化的核心已经成了公司员工的共同价值观，所以才能确定解决抵制变化的方法。具体方法如下：

第一，信息不足或信息与分析不准确时，我们采取了教育和交流的方法。

第二，当发起变化者没有足够的信息来计划变化而他人有强大的力量来抵制时，我们采取了参与与融入的方法。

第三，当由于调节问题引起人们的抵制时，我们采取了促进与支持的方法。

第四，当某人或某团队有相当权力来抵制、在变化中表现轻率时，我们采取了协商与协议的方法。

第五，当其他方法不起作用或代价太高时，我们采取了控制与合作的方法。

第六，当讲究速度且变化者有相当权力时，我们采取了明确与模糊压力的方法。

所以，我们必须记住：任何企业要想在不断变化的市场环境中生存下去，就必须变革。任何一家老牌大公司要想不被前行的历史潮流所抛弃，也必须变革。在变革过程中，领导者都希望让企业变得更有效、更有竞争力，在市场上处于不败之地。怎样实现这一目标，企业中的人是最关键的因素。因为战略调整如果没有人去实施，整个战略调整就是空话。所有的企业变革最终都是通过人来执行的。

模式之三：如何评估团队价值

在前面，我们已经讲到了，一个成功的激励计划不仅能够增加利润，而且能够提高士气，鼓舞员工。你的计划应当包括以下三个最重要的激励：

1. 授权员工做他喜欢做的事情；

2. 以各种各样的方式认可；

3. 以金钱的形式予以激励。

在这三点之中，其中认可是对主观能动性最有力的激励。这正如玫琳凯化妆品公司创始人所说："人对两种东西的需求比性和金钱更强烈，那就是认可与赞扬。"人们需要的正是让人感觉到他们所做的与众不同。

事实上，在一个企业的管理过程中，要实现这一点，就离不开对企业价值的评估，因为企业价值评估的目的在于衡量各种企业以及企业内部经营单位、分支机构资产的市场价值。尤其是在当今时代，企业的价值及其评估比以往任何时候都重要。这是因为激烈市场竞争的现实以及企业的交易与管理需要明确价值，需要关注公司及其经营战略所创造的价值。只有这样，才能提高员工的有效能动性。

有效能动性提高了，员工在追求价值的过程中，就会想方设法改进工作流程，以便获取更多的价值。尤其是在各种情况下的各种价值评估，具体表现为：

1. 业务公司价值评估；

2. 有多种业务公司的价值创造和改组价值评估；

3. 为实施以价值为基础的管理价值评估；

4. 为收购行动进行价值评估；

5. 分析国际和多国业务价值评估；

6. 为运用抉择定价方法的价值评估等等。

显然，这些价值评估对于企业集团的生存与发展都是非常重要的。对这些评估方式做出理解是非常重要的。尤其是在一个竞争环境中，成功的公司都为所有利益方创造了较高的价值。现在许多大型企业之所以要强调股东价值，是因为价值是目前已知的衡量绩效的最佳标准。而股东则是公司中为增进自己权益而同时增进每个人权益的唯一利益方。

为了判断价值创造，企业必须有长远的观点，必须能够在损益和资产负债表上处理所有现金流量。如果企业没有完整的信息，就无法做出正确的决定。而对公司绩效，则另有其他衡量标准，但都不如价值标准这样全面。例如收益增长、股本回报，以及资本回报与资本成本之间的差额等。

价值作为最佳标准，有利于权衡过程更加透明、准确，因为任何利益方的要求都可以得到评估。以劳动为例，劳动方对公司要求的价值，现在和将来都可以从公司中得到全部现金流量兑现后的现值。

运用以价值为基础的方法，可以清楚地看到公司各利益方之间利益的实际权衡。价值之外的其他标准对信息的使用是不充分的，因此不利于决策。领导者经常面对各种选择。他们往往偏重于短期利益，例如下一年或今后三年的营业收入。此外，他们当中的许多人都忽视资产负债表上资源的管理。诚然，当前和今后的现金流量之间的权衡绝非易事，但却是绝对必要的。

应该指出，如果资本的供应者得不到可观的利润，他们就会跨越国界调动资金，寻求高额利润。如果国家法律不允许他们调动资金，他们就会多消费，少投资。这样国家和企业在国际竞争中必然会大大落后，生活水平就会下降。

资本的流动是以投资者的利润为转移的。如果投资回报率低于零，公司就难以得到投资资本，难以积聚足够的现金来维持经营。在竞争激烈的市场经济中，大多数公司的投资资本回报率应等同或超过资本成本，以创造价值。如果资本达不到必要的回报率，市场就会降低资本的价值，直至回报率达到竞争水平。

价值管理强调的是长远的现金流量回报，而不是计较短期的每股的现金收入。价值管理的取向在于能够采取局外人的经营观，并注意捕捉机会，创造增值。它是一种价值取向，一种持之以恒的主动行动。

建立价值取向的过程涉及两个方面：一是通过结构调整，释放公司内蕴涵的价值；二是在结构调整后，发展以价值为取向的手段来领导和管理公司，以确保价值管理成为决策和经营的一个重要组成部分。其中主要体现在以下六个步骤中：

第一步：将计划和业务绩效审查集中在价值创造上；

第二步：制定立足于价值的指标和绩效尺度；

第三步：调整薪酬制度，强调为股东创造价值；

第四步：明确按照对价值的影响，评估各项战略性投资决定；

第五步：就公司的计划与投资者、分析家进行更透彻的交流；

第六步：重新规定财务总监的职能。

　　所以说，企业强调管理价值，并不是通过财务手段就可以创造价值。实际上，它是通过制定稳妥的公司战略和经营计划来创造价值的。企业管理者应该懂得，单凭财务手段，是很难把事情办好的。

　　综上所述，以价值为基础的管理是一种将整个组织改造为最大限度创造价值的组织方法。实践表明，企业的价值取决于其未来的现金流量兑现，只有企业投入资本的回报超过资本成本时，才会创造价值。以价值为基础的管理正是运用这些概念来进行战略的日常经营决策。管理者实施以价值为基础的管理，使公司目标、技术和管理程序整合在一起，最大限度地实现其价值。比如我在企业管理过程中，就强调以价值为基础管理的一个重要部分是价值的驱动因素，也就是影响企业价值的任何变数。例如，销售增长、营业毛利、资金周转率等这些一般性的价值驱动因素。而关键性的价值驱动因素，如价格上涨等，并不是孤立静止的，而是动态的、创造性的。企业应该把一般性和关键性两种驱动因素综合在一起，构成以价值为基础的管理不可或缺的思维方式，使之创造价值最大化。

　　还有一点你要记住：领导者们应该懂得关注价值的思维是改进决策的一条重要途径，但其前提必须是得到生产管理人员的积极拥护。这里有四个重要的管理程序，即制定公司价值最大化战略、确定短期和长期绩效指标、确定年度行动计划和预算，以及实施绩效测定与奖励制度。

　　制定开发战略是最重要的。主要是决定开展哪些业务，如何协调各经营单位的作用，以及如何分配业务资源等。此外，在经营单位一级也需要制定一般战略。通过价值评估则可以帮助经营单位分析和决定选用哪一战略最优。

在确定战略之后，必须随之制定具体的指标。而指标定得过高或过低，对公司都是不利的。而制定指标的一般原则应该是：

1 指标应立足于经营单位关键的价值驱动因素，并应包括财务和非财务指标；

2 指标应能适应各组织层次，高层经理应制定全面的财务绩效指标和非财务指标；

3 短期指标应与长期指标相关联，如十年指标表明方向，三年指标是阶段目标，一年指标是工作计划等。

对于一个企业来说，确定短期绩效指标也非常重要。因为它可以使用经济利润作为衡量短期财务绩效的尺度。换言之就是衡量经理的绩效，必须综合考虑适当的标准，以反映出其履行职责和对资源的控制程度。

需求评估方面的两个核心因素

● 公司文化改造的实践及其不断进行评估

从1997年以来，我们公司已经进行了两次大的改革。第一次大的改革是从调整公司的组织结构开始，使公司由多层的管理体系变为四层的管理体系，人员精简，效率提高。第二次改革是从调整市场策略开始，公司根据市场的反应，取消了大区代理的策略，采用自建销售网络占领市场的策略，这次改革的推动力使公司的领导层意识到：原先的市场战略使得经销商越来越与公司不合拍，认识到经销商的态度正在发生大的转变，这就产生了要变革的压力。正是在这种情况下，公司总经理决定变革旧的市场体系，重新调整销售队伍，调整公司的营销网络，结果公司在市场上得到热烈回应。

这种变革我想一定会有响应的，你这样做，也就意味着公司的整个企业文化改造以营销人员的行为模式转变为突破口，竭力营造新的行为模式，进而扩大影响到全体员工的行为模式，这就实现了调整管理及市场策略的目的，从而提升企业文化及提升公司整体的竞争力。即使这样，也需要对结果不断进行评估，因为定期评估使你在迈向理想文化境界的征途上处于有利地位。花些时间分析你目前的状态，回顾你所走过的道路并确定你还得走多远。注意你从组织、从自身以及变革过程中学到的东西。用一种崭新的眼光看待成功与失败，并制定相应的策略，那将非常有效。

在评估过程中，我们发现公司的文化改造实践表明，组织的领导者在企业文化变革中承担着重要的角色。领导者选择改变方案，并且承担这些方案带来的最终结果。在这个阶段里，改革效果是组织认同的重要成分。当组织分化为多重的次文化时，可供选择的改变方案亦随之增加。并且，如果组织开始面临危机，就需要用一些较激烈的非常规方案了。在我们的公司改造中，为确保获得真正的效果，彻底改造营销体系，我们对营销副总到整个营销队伍以及经销商队伍全部进行了更换，使公司走上了自我发展的轨道。

● **价值观/信念/行为准则**

团队的核心是价值观。当团队成员在价值取向上形成共识之后，一切问题便迎刃而解了。对于个人来说，价值观代表他对周围事物的是非、善恶和重要程度的评价。而人们对各种事物的评价，如对自由、幸福、诚实、服从、平等、社会风气、教育等各个方面的看法，有轻重主次之分。其心目中的排列顺序就构成人们通常所说的"价值体系"。而对成功团队来说，其团队的形成则必定需要一个"提炼"的公平过程，只有这样，才能促使企业领导者去学习新的统治与领导能力，认识到价值观的文化核心，而文化应是价值的基础。

在《超越企业再造》这本书中，张其金在阐述企业文化的本质和内涵时指出：

企业核心价值观是由于企业领导者在一定的社会历史环境中，经过对企业文化的重新设计，经过企业和企业团队成员在生产者和管理者在活动中逐步形成和发展的观念形态、文化形式和价值体系。在这个体系中，人是企业的主体，是生产力中最活跃的因素，成功的实践也已经证明，企业家素质的高低，企业管理者的观念与行为的优劣，是由他们是否具有坚强的价值观念而产生卓越的生产经营绩效所决定的。

对此观点，国内的一位学者曾有说服力地总结为："凡是那些强调人们价值观念的企业，要比仅靠动一下嘴说明任务更能取得有效的生产经营绩效。因为，企业领导者们感到了有强大的力量在竞争环境中更好地推动企业转变其形象。"但在创立企业共同价值观念的时候，企业领导者需要反复提出以下几个要素：

1. 实事求是和忠诚；

2. 下放权力；

3. 开诚布公和信任；

4. 协作和互相支持；

5. 关心；

6. 以开放态度对待改革；

7. 质量、服务和面向消费者；

8. 尊重个性和多样性；

9. 追求取胜和最优；

10. 创新；

11. 个人负责感；

12. "能干" 态度；

13. 生活上保持平衡。

讲到这里，我还是把话题接到外在价值观的层次上讨论。你的公司里的外显价值观是上自总经理，下至员工经多年积累而成的。例如，个人的权力很重要，如果可能的话，最大限度地使用个人的权力；员工及主管乐于见到"把事情做出来"，不过这在许多时候往往意味着不注重方法，不是用最恰当的方式"把事情做出来，而且做好"；做任何事情都争取高级主管的首肯，相信高级主管的判断；员工几乎不愿意有自己的主张，习惯了作为团队的一个成员而依从领导，因而一旦高级主管做出了决策，推行起来就非常顺畅，同样员工也就自动地放弃了提方案的机会。在与公司的人谈到他们的工作时，我发现了另外一个较强的价值观：个人应该能够指出自己工作的本体，并且能够了如指掌，上司同样要对下属的工作了如指掌，并能够做出指导。

所以说，在我们改造企业文化的过程中，我们的管理层也清醒地认识到，如果想完成公司进一步发展的战略，就必须在此阶段形成强有力的企业文化，高度整合企业营销文化、生产文化、研发文化等各个亚文化体系，唯有如此，才能够保证企业健康发展。虽然建立一个新的企业文化体系是一次伟大的冒险，是一次需要你倾其所有冒险，所有的技能、所有的能力、所有的资源。这也是一场战斗，它的斗争目标是那些会破坏组织的高效运作、会导致激情消失以及导致不满情绪滋生的自高自大的行为、不良习惯、讥讽的态度以及狭隘的信念。但是，对于冒险的向往越多，成功的可能性就越大；愿意付出的越多，收获就越大。

模式之四：进行一场高效会议

团队常常会犯一个严重错误，那就是在第一次团队会议上便立即开始工作。这听起来有些奇怪吧？团队难道不应当做它要做的事情，以此来达到团队的目标吗？然而，对团队而言，最明智的做法是花时间制定团队制度。特别是在团队生活的开始阶段，团队需要时间来搞清楚如何共同工作。而这时，企业领导给出一些指导是非常有意义的。

所以说，在行政指导期间重要的一项事务是进行一场高效会议。我们知道，团队工作通常在会议中进行。因为在会议中我们可以通过一种便利的、有效的步骤对需求评估阶段发现的一切需要加以处理的问题进行研讨。这一过程往往表现为会议参与者对各自的观点、意见、概念和情感集中地进行探讨。

在会议以外，单个成员可以完成独立的任务，或者和团队成员一起实施某个项目。然而，当团队需要做关键决策和解决重要问题时，团队会议才是唯一适当的形式。

团队会议进行得好坏，标志着团队成熟与否。如果会议自始至终都一团糟，比如漫无边际地进行讨论，模糊议程，没有达成任何共识，那么将大大打击团队成员的热情和努力。而会议若是议程清晰，讨论过程有条不紊，决策有理有据，那么团队成员无疑将充满了成就感和责任感。

　　成功的团队如何进行会议呢？不论你的团队是要进行每日、每周还是每季的会议，都需要采取一定的步骤使会议成功。下面我们就针对这些步骤进行讲解。

● 会议的运作方法

　　我们知道，不管一个人有多么成功，他都得对自己的成长不断投入较大的精力，如果不这么做，工作表现自然无法有所突破，终将陷入重复的陷阱里。保证成功的惟一方法就在于终生学习，在新的方向下不断探寻、适应以及成长。作为团队领导者，要实现这一成果，最好的方法就是通过各种会议，吸取不同成员的优点，然后集中于一身，从而能够做出好的决策，引导团队向目标迈进。换言之就是：会议是人们为了达到一定的目的，聚在一起交流思想或规划行动的一种活动，是一个组织沟通情况、联络感情、统一思想、明确工作、讨论问题、制定计划、协调工作的重要手段。这就是说，一个好的会议能够让团队成员发现共识，让每个团队成员能够热情十足地支持和执行会议上做出的决定。

　　我们知道，一个好的会议能够把团队成员的很多决策都付诸实践，能让整个团队全身心地投入。当然，团队领导者在主持会议时，就要引导团队成员向着有利的方向发展，就要把团队成员所持的各种观点反复展示、思考、比较和讨论，直到团队成员开始知晓并理解问题或决策的每个方面。

　　的确，一个高效会议的召开是困难的，毕竟对一项决定做出决策，需要参会者的支持与理解，最终才能达成共识。这时，为了达到召开会议的目的，团队领导者就要对参会人员、会议时间、会议地点等要素做出分析，才能取得好的效果。

参会人员：对于一个企业范围的实施计划，参会人员可以是公司的最高领导者，也可以是项目负责人，还可以是团队成员。这样的人员组合，有利于大家提出不同的意见，让团队成员真诚地分享和讨论彼此的见解，并愿意聆听，灵活变通。每个人都需要在面对事实和不得不统一的论点面前改变他们的想法或者调整他们的立场。这样的会议过程不可能快速进行，此时需要有一个延长会议的安排。

会议延续时间的把握：大部分的指导会议根据讨论的内容进行安排，但是，当我们对部分讨论的项目需要延长会议时间时我们才去做，对于那些没有必要延长的项目讨论，千万不要延长会议时间，如果你延长的会议时间过长，容易引起员工的反感。

会议地点：会议地点一般根据公司的需要或者会议的需要进行选择。

会议时间：会议举行的时间根据公司的发展需要而安排。

会议文件的处理：对于会议文件，应根据公司的需要进行处理，要么进行存档，要么进行销毁。

● **高效会议为什么是重要的**

会议需要一个议程。简单地说，议程就是团队将在会议中讨论什么的简明清单。议程之所以重要，是因为它能够让会议不离题，还能时刻告诉团队会议进行到什么程度。如果将会议90%的时间用在议程的第一项，那么会议显然进行得不顺利。所以，不管你在什么样的团队，你都需要一份议程。

一份有效的议程是怎样的呢？在会议开始，先要把新近获得的信息告诉自己团队的成员。然后，每个团队成员报告其项目或计划进程。进程报告一般包括结果、存在的问题、需要的帮助、要考虑的意见和下一步行动的目标。还有一些议程项目是团队作为一个整体需要考虑的问题。

高效会议的重要性：会议是团队工作的主要形式，会议能有效进行是团队工作出色的表现。

议程对会议的意义：有了议程团队才知道会议的进度以及下一个议题是什么，没有议程意味着没有重点也就不会有进步。

确保成员全身心参与：真正使团队会议运转的是成员的参与和贡献，团队成员在会议上发言越多，提出的见解越多，就越能做出高质量的决策。

给员工指明方向：要使团队成员在变革中团结一致，获得成功，就要清楚团队期望的是高效率、高成果的工作。同时不要搁置在工作中出现的问题，让整个团队具有确切的预期效果、清楚的作风要求、一幅众所瞩目的前景蓝图，以及一张标记明确的通向那儿的行进进程图。

模式之五：团队的基础结构

每个团队都有自己的文化和组织结构，其决定了这个团队会怎样去工作。明智的团队注重通过团队条例和准则来塑造组织结构。而在这个组织结构中，我们可以看出一些为企业运作所必需的由制度、工作过程、工作方法、政策和管理手段所组成的基础构架，这些基础架构将对团队的发展产生重要的影响。一个好的文化变革模式的"基础结构"就能使每个团队都成为独一无二并有自己的运行方式的组织。

企业一旦决定实施一场较为符合团队观念的环境变革，就会形成一个新的制度。特别是在一个团队中，如果有一个或两个人能够引导团队最大程度地努力工作，那么他们就能推动团队提高绩效。很多人都可以从卓越的领导者身上学到一些东西。他们通过创立有效的激励机制，通过金钱、认同和培训的机会来激发和留住员工。

然而，很多企业的工薪、待遇都十分优厚，如定时加薪、加奖、分红，经常聚餐或开展旅游等福利活动，但工作气氛并不紧张活跃，抱怨还是不绝于耳，问题出在哪里呢？此时我们就要讲究人力资源成本与人力资源效益，就不得不扬弃过去传统的奖励观念，而要随着价值观的演变而有所创新。不能把奖金看成是最好的奖励办法。尽管金钱奖励有时是必要的，但不是总灵。例如在 Hewlett-Packard的领导者看来，为了使激励产生作用，他们就采取了漫游式管理，公司鼓励经理主管走出办公室和大家建立关系，激励大家一起参与公司的活动。

在公司所有等级部门都实施了这种管理方法，它的实践让大家在"咖啡时间"、午餐交流时间都表现出激励的作用，从而充分调动了每个团队成员的积极性，同时还为他们解决了工作中存在的问题。

模式之六：进行团队评价

变革模式恰如其分地对团队评价有一个好的图例说明，这充分表明：在经济时代，企业为了增强竞争力而不惜启用近乎残酷的纪律，而这些残酷的纪律确实起到了管理员工的作用，也起到了增强企业竞争力的作用。企业内部工作规范化是企业竞争力的保证，尤其是对营销人员来讲，更应该注重这些。

在实际工作中，我认为人力资源管理包括员工的招聘与保持员工能力的开发与培养、员工行为的监督与处理、员工的评价与激励等几个方面，人力资源工作的做法也可归结为用工制度、培训制度、工作规范以及各种激励的选择。要想管理好人力资源，我们必须认识到，管理者的职责是引领而不是运营。若领导者处处去运营，一个大企业非把领导累死不可。引领就是自己可以站在幕后指挥，让下属去贯彻自己的思想，去进行实际的操作和运营，不需要大事小事，事必躬亲。

领导人如何确保自己成为一个引领者而不是运营者呢？我们可以借鉴一些企业的管理方法，看看这些大型企业是如何管理人力资源的。他们的方法是：

明文写下愿景：为了清晰表达一个愿景，你必须有一个愿景，而且完了了解它。养成写下愿景、描述愿望的习惯，找到向你的团队表达它的方式。

避免身陷细枝末节：表述一个愿景并不意味着你提出每一个微小的细节。作为领导人，你的工作是提出愿景并保证由最好的人员去实现它。

雇佣并提升那些最有能力将愿景转化为现实的人：在面试应聘者向他们提问时，问问他们会如何着手解决一个特别棘手的问题。那些独立思考得最好的人可能更适合你的团队。提拔那些在着手做事情上有着最佳记录的人。

领导的目标要明确：对于企业引领的目标，必须让所有员工心中了然，因为是这些目标将不同的工作部门凝聚在一起。在制定这些目标和要求时，要求团队成员提出他们的想法。

要提供明确的指导，解决争端不计代价。

所以说，人力资源的管理首先要选好企业用工制度，用工制度在于企业选择人才并留住人才。美国《财富》杂志的一项调查说：某公司总的经营状态最可靠的依据是吸引并留住人才的能力。世界上很多著名企业都把招聘优秀人才放在实现事业目标的首要位置。比如，通用电气公司前任首席执行官杰克·韦尔奇先生说："我们把赌注押在我们选人的工作上，因此，我的全部工作便是选人。"为此，杰克·韦尔奇亲自接见申请担当通用电气公司高级职位的候选人。

而日本企业为了招聘优秀人才，不惜提前一年到各大学沟通关系，以达到能从第二年毕业的大学生内选定备用人才的目的。

微软公司有244名专职招工人员，他们每年要访问130所大学，阅读12万多份简历，举行7400多次面谈，而这一切仅仅是为了招聘2000名新雇员。

近些年，我们国家在外国的公司也不惜投入重金在名牌大学设立奖学金、建设实验室，其目的也是为了争夺人才。一个公司招聘到优秀人才并不意味着能留住优秀人才。企业真正发展的关键还取决于保留人才的能力，而保留人才的关键取决于用工制度。

美国硅谷有72万就业人员、8000多家技术密集型的公司。其中，6000多人有博士学位。然而，硅谷人一般不固定在某一个企业工作，对鼓励在某个企业长期工作而颁发的金质奖章也不感兴趣，其中有的人两年中就更换过十几次工作。为什么会出现这种短期雇佣制度呢？其实短期雇佣制度有一定的好处：第一，这种制度灵活性大，有利于企业对市场做出反应；第二，短期雇佣减少支付津贴、奖金、退休金等额外费用，因而可以节约劳动成本；第三，短期雇佣促进人才流动，从而在一定程度上能够保证企业招聘到优秀人才。但短期雇佣制度也有一定的短处，如局限于企业不需要特殊技能的岗位，因而不利于开发员工的技能。也可能给员工增添过多的不安全感，从而导致员工对企业长期发展漠然视之。

过去，日本企业长期实行终身雇佣制，目的是保住熟练工人不外流。因此，企业对"跳槽"者采取排斥的态度。日本企业通常对"跳槽"者都要进行严格的审查，要调查其在原单位的表现，除非有一技之长或特别优秀者，其他的一般不予考虑。应该肯定，终身雇佣制具有消除员工就业风险的长处，从而对保证员工队伍的稳定、促进员工技能的提高起到了积极作用。但是，由于终身雇佣制的实施，企业难以适应自身对劳动力需求的变化。在整个社会必须对产业结构进行调整时，企业缺乏灵活的应变机制，再加之就业倾向本身就落后于经济发展趋势，因此面对突如其来的经济变化，以及激烈的国际竞争和信息化的迅速发展，雇主很难在必要的情况下迅速降低劳动成本，从而导致竞争力下降。

总之，人力资源管理的首要问题是保有优秀的人才，企业应对不同岗位员工的用工制度设定适当的市场化比例。渐渐地，当我们明白了所谓的问题只不过是一个急待做出的棘手决定时，不可能完成的任务就会被解决了。

第十章
打造一个高效团队

在一个企业组织中，你能做我所不能，我能做你所不能。我们一起在一个团队共同奋斗，我们就可以成就大业，就可以创造奇迹。

——摘自《洗脑》

团队构建模式

团队构建模式通常被用于实际外出举行会议的过程中。为什么会出现这样的情况呢？原因很简单：团队里没有人告诉他团队条例都有哪些规定。很多时候，新的团队成员必须观察了解团队会议如何进行，谁负责什么，以及团队成员间如何行动等等。在这样的情况下，团队领导就要使团队成员从最基本的方面开始，告诉新成员会议议程是怎样的，会议如何发挥作用，对成员的期望是什么，一个季度或一年的工作总结是怎样的。

领导评估企业作为建立高效团队必须被加以全面运用的基本手段，这一模式中的每个组成部分都体现了团队的作用。此时团队需要牢记的就是将新成员引入到团队文化中来，而不是想当然地认为新成员会自己了解一切情况。举例来说，一位充满热情的新团队成员可能并不知道团队汇报和整理数据资料的规定，他可能要花很长时间才能知道这个也是团队运作的一个重要方面。同时，如果新成员试图用主观臆断和推测去引导他人，那么团队就可能会陷入不可预见的冲突和延误中。此时，为确保团队工作的顺利进行，就要将团队工作技能作为要解决的问题加以处理。第一个外部关注的组成部分导致了能为文化变革所用的一种文件，这一文件然后被作为行政指导中的一部分通报至整个企业，并在以后的文化变革实施过程中被变革实施机构的中层管理人员和职工们加以运用。第一个内部关注的组成部分导致了一个行动计划，以保证每个团队都是独一无二并有自己的运行方式。

随着外出会议的进行，对团队的构建模式中每一个重要的组成部分都制定出一些通常的实施方法，这些方法的制定是为了满足需要，也是为了解决在需求评估阶段发现的问题。接着，我就对下列实施方法进行说明。

● **目标及目的**

内部关注：明确而一致的团队目标是高效团队必不可少的条件。参与者可以为完成现有目标而想方设法，这有助于确保共同的团队奋斗方向而制定新的目标。

外部关注：如果有必要，可以建立一种观念，制定一份使命变更的宣言。开发涉及整个企业组织与团队工作有关的目标。

● **资源的作用和运用**

内部关注：探索具体的团队或把团队成员的作用明确下来。有效地运用所有可以加以运用的资源，用以对团队构建中概念的问题进行检验。

外部关注：确定高层管理团队在有关支持文化变革方面的作用。高层管理团体在对有关变革实施机构或团队及团队领导者的要求得到了确定。为新文化或新的组织机构而设定的职位的人员选择标准可能被设定下来，如指导委员会成员、执行团队成员、团队领导等等。对新文化或新环境中员工的要求也进行了讨论。

● **控制和运作程序**

内部关注：团队环境中的行为规范被加以确立。这些规范对团队成员和工作环境中产生的积极和消极的意义被进行了讨论。高层领导团体为制定优化的行为规范并最大限度地降低不利的行为规则的行动计划而进行了协商。

外部关注：制定新文化中具体的运作程序准则或强制规则。产生任何经费或与经费预算有关的实施指南或时间核算的方法。

● 解决问题与决策的进行

内部关注：与会者对他们解决问题的步骤与决策步骤进行检验。一系列各不相同的方法被提了出来并被运用于解决当前团队出现的情况和问题之中。

外部关注：不同层面的团队决策机构的准则得以制定。有关组织调整或企业机构决定得以制定。文化变革过渡时期的决策机制得到了一致认可。

● 信任与解决冲突

内部关注：探索信任的概念和必要性。提出发展信任关系和解决冲突的具体手段和方法。运用具体的解决冲突模式，解决团队组织中现有的冲突问题。

外部关注：处于新文化中的解决团队与团队间冲突的方法，如统辖机构或职责义务等，必须予以明确。

● 信息流通

内部关注：高效团队所需信息流通的三个方面被加以审视：（1）团队内外人际间的信息流通；（2）作为团队运作小组动态；（3）信息共享。对这些方面加以讨论是为了确保团队发挥出最佳效果，并要求讨论之后彼此间取得共识。

外部关注：　遍及新文化环境和企业范围信息流通的运作程序得到了确立。团队向客户、当事人或向高层管理团队的工作汇报要求得以设立。所有团队间的信息共享得到了强调，执行方法也被加以制定。

● 试验与创新

内部关注：在高效团队的创新过程中，人们必须了解目前的情况，找到问题所在，并将其转变为机会，不能在遇到挫折时就放弃，而必须利用这些挫折来深入探讨目前的情况和问题，努力思考解决问题的方案。

外部关注：对赋予团队的职权进行了讨论。对团队的自立程度和参与程度进行了限定。

● 领导

内部关注：领导者和共同行使领导权力的概念得到了讨论。具体的领导作用得到明确，而这些作用必须被认为是提高团队工作效能的共同作用。向团队自负其责，使团队承担起所有权力的责任。

外部关注：对团队领导的标准和要求取得一致认可。根据这一标准，选出作为团队领导者和变革实施机构的领导者。

● 评估

内部关注：团队需对工作结果进行评估。解决方案须加以评估、检验和论证，贯彻执行的过程中还需要有很好的耐心和坚强的意志。团队工作方法的重要性得到了强调。团队的实际动态受到了注意，其信息反馈被用于制订改善团队现状的行动计划之中。

外部关注：成功标准被加以制定，作为衡量新文化和在走向新文化过渡时期中的进步及成功的基线。

团队与组织的联系

在一个组织机构里，如果把管理看成一台计算机的话，那么，团队成员的操作过程就应该是收集信息的过程，管理者的决策就是计算机的处理信息过程。这些说起来简单，但做起来却非常困难。难的是你能否排除受传统经验的影响与知识的空白、偏差，然后重新审视自己过去的荣耀。要时刻这么做，可能不太容易，毕竟自己有一片土地，外面引进了一个苗秧都愿意在自己的土地上插，在这时，就要想到还有别的土地能够生长。这就是说做同一件事，在不同的思维平台上会产生不同的结果，而判断这些结果的标准是什么？有许多东西会存在于自己的血液里，存在于人们的思维之中，这些东西对人的约束力是很强的，这就让人感觉到不信任，当他处于这种情形之中时，这个问题就很难办了。

现代组织理论告诉我们：一个组织的有效运作，离不开意识形态的作用，具体来讲就是企业文化的作用。但仅有文化还不够，还要有志同道合的奋斗者，即具备相容性格特点的成员；要有有效参与机制；还要有有效的管理，使上述的一切在平衡和协调中运作，这就是管理制度的作用，就是我们所要追求的创业精神，而这种创业精神为我们体现的是：

1. 确定创新战略：因为一个刚成立的企业始于某个产品或服务的理念，而不是某个全面的商业战略，所以创新型企业的创新战略制定是由其产品和服务计划派生出来的，而不是相反。

2. 像小公司那样行事：在创业型组织中应灌输的重要品质是小公司意识。它创造了一种氛围，即每个人感到有一定的空间去行动，去尝试一些死胡同，去犯一些错误。它也使管理人员感到公司的成败与其自身密切相关。

3. 确定合适的奖励制度：这种奖励制度应大大有利于成功而不利于失败，从而有助于鼓励经理人活跃创业环境。

当然，集体生活只是人全部生活的一部分，人还需要自由，需要单独生活。既然人有独处和自由的需要，为什么还要加入一个群体或组织呢？这是因为群体组织可以满足人们在单独存在时不能满足的需要，具体表现为：

满足安全需要。通过加入一个群体，个体能够减少独处时的不安全感，个体加入到一个群体中之后，会感到自己更有力量，自我怀疑会减少，在威胁面前更有韧性。

满足地位需要。加入一个被别人认为重要的群体中，个体能够得到被别人承认的满足感。

满足自尊需要。群体能使其觉得自己活得很有价值。也就是说，群体成员的身份除了能够使群体外面的人认识到群体成员的地位之外，还能够使群体成员自己感受到自己存在的价值。

满足情感需要。权力是单个人无法实现的，只有在群体活动中才能实现。

满足实现目标的需要。有时为了完成某种特定的目标需要多个人的共同努力，需要集合众人的智慧、力量。此时，主管人员就要依赖群体公平完成目标。

因此，对人的尊重、个人价值的实现，首先是通过群体的活动在组织和社会中体现出来。

比如在华为公司，对每个人来讲，每个员工的社会性是在与全体华为人一起团结拼搏的过程中体现出来的。其实，这种思想并不是我们的独创，先人早就认识到这一点。政治学家华莱士认为："人的冲动和思想产生于他的本性和他所处的环境之中。"我们知道个人在与组织其他成员交往的过程中，必然以某种方式进行活动，这些活动方式，天长日久就会变成一些规矩、章法，从而进一步概括为文化。每个人都有自己的思考、感受和活动方式，霍夫斯塔德认为："人的这些思考、感受、活动就是人的心理程序，或者叫心理软件，集体的心理软件就是文化。"因此，文化总是集体现象，有集体才有文化，因为它至少在一定程度上是生活在同一社会环境中的人所分享的东西，是在生活的过程中学习和掌握的东西，这是一种集体心理程序，这种程序把一个群体成员与其他群体区别开来。

同时，人还通过自己的选择来建立各种不同的活动系统，而这些活动系统就是各种文化。从实践来看，文化的形成，一般经历了如下模式：首先是创业者的一种经营思想或战略，并通过某些制度规定来实施这些战略；其次，企业员工根据经营思想、经营战略指导自己的行为，进行实际操作；最后，企业出现企业文化，它包含了企业的创意思想和经营战略，同时也反映了人们实施这些战略的经验体会。因此现代化企业经营从早期研究的实例中可以得出这样一个结论：企业中的工作群体能够建立他们自己独特的小文化，而这些小文化既可能伤害企业经营业绩，也可能有助于提高企业经营业绩。

文化一旦形成，对于组织成员就产生了角色规范和价值导向作用。这种作用对群体角色的认同，实际上就是对文化的认同。这种认同，最终是以社会角度和心理契约的形式发挥作用，使组织对员工和员工对组织能够在共同平台上相互作用，共同发展。

员工对文化的认同程度，在很大程度上决定了员工工作的努力程度和贡献程度。当你认同公司的宗旨时，当你体验到共同的设想中有你的一份时，你就会感到自己在从事终身的工作而不是临时性的工作。当一个人把自己所从事的工作看成是终身工作时，他自然就会全力以赴地达到忘我的境地。而公司的宗旨或使命，往往是由高层管理者自己的希望和想象演变而来的，接下来，管理者的任务就是要把高层的愿望和希望变成每个员工自己的理想。

当组织形成了一定的文化时，成员就应该自觉地适应这种文化，实践这种文化。组织与个人的关系，任何时候都是相互作用的关系，组织为个人的发展提供机会和途径，这种机会和途径不是凭空产生的，而是组织成员共同劳动的结果。因此，组织成员一方面有权利用这种个人发展的机会，同时也有责任和义务进一步创造这样的发展机会，使组织中每个成员的发展和成长都成为可能。

加强团队学习

团队的智慧高于个人的智慧。在现代组织中，学习的基本单位是团队而不是个人，只有团体学习才能看到和解决整体互动中的根本问题；只有团体学习才能保持组织在变动的环境中持续调整和发展；只有团体学习才能在交谈和合作中孕育出极度重要的科学成果；只有团体学习才能增强整体配合行动。一个组织不仅需要共同学习，而且要"确实能够共同"学习，凡属团体就必然存在一种"团体关系"和潜在的"团体智慧"，了解彼此之间"需要他人行动""互相补充的必要"和"更有效结合"的意愿，这在"运动、表演艺术、科学界甚至在企业中都有不少惊人的实例显示"。但是，组织整体对于学习的意愿和能力，根植于个别成员对学习的意愿和能力，只有透过个人学习，组织才能学习。虽然个人学习并不保证整个组织也在学习，但是没有个人学习，组织学习也无从开始，当团体整体产生出色的成果的，个别成员成长的速度也比其他的学习方式更快。

尤其是在一个以知识产业为核心的世纪，发挥人的聪明才智，发挥人的创造力已经成为企业战略考虑的核心问题，也是企业人力资源管理理论研究的重点。当人们在信息高速公路上看世界时，视野会忽然开阔起来，思路也会更加清晰。人们发现，在过去被分割的、封闭的小世界里，在被分割的学术领域里，人们的"看"被限制，人们的思维被割裂，导致人们不能搞清楚本为一体的世界内在的运行规律。这是导致企业内部不和谐、充满愈演愈烈的争斗和恶性分裂的原因之一。

企业的竞争越是剧烈和残酷，企业的变化也越是剧烈。人们几乎再也看不到企业生存、发展、繁荣、停止、衰亡的过程。大多数企业很难渡过它的开创期就消失了，即生即灭。在这种情况下，只有将组织变成一个具有生命的有机体才能面对任何复杂的外界变化，能灵活伸展，能随机应变。

我曾经看过《第五项修炼》这本书，作者指出，第五项修炼的核心是学习：组织个人和企业一起学习。在个人学习完成不断自我超越的基础上，通过团队学习使企业变成学习型组织。一旦企业形成了学习型组织，它便成了具有生命的有机体，它便具有系统思考能力，从而具备了创造无限生机的能力，随变而变的能力，适应现在并能预控和创造未来的能力。

所以说，在知识迅速更新的时候，个人必须提高终身学习的能力，才能获取求职的能力和不被淘汰。从更高层次来讲，一个人的能力，离开学习能力，就无从谈起，更不用说一个人的创造力。但重要的一点是：领导者也需要通过这一条学习之路才能创造出更大的奇迹。也只有通过这一条学习之路才能让企业永存。只有学习才能认识到未来企业变化的趋向具有如下特点：

新型模型。未来真正出色的企业是那些领导员工向企业战略目标迈进，并能不断学习的企业。因为唯一持久的竞争优势是具备比竞争对手学得更快的能力。怎样才能做到这些呢？企业领导者在提倡打破传统的管理模式时，应该建立新的学习型模式。

思维模式的转变。在环境变化之前率先改变思维模式，挣脱成长的极限。

以顾客满意为终极目标。顾客不满意，在感动消费时代就意味着企业失去顾客，也就失去了利润和赖以生存发展的基础。

人员的活性化。将每个人的主观能动性激发出来，使其处于激发状态，创造性地处理问题。人员活性化的根本是要认识到：变革于我于人都有好处，变革能提供更好的服务，对组织内的员工及外部顾客而言是一举两得的事情。

全局化的改造。从整体利益出发，以整体利益最大化为原则，对流程进行审视，每个人要把自己提升到整体层面上来。

信息的使用。在信息社会里，越来越多的技能被应用软件所固化、取代。借助电脑和网络，专家的经验和知识被转移；借助于学习型组织，知识被传承。

从以上特点可以看出，企业机制的建立过程要通过不断的学习来提高水平，而这些是通过员工学习企业的经营理念，以及不断更新过去的知识而重新建立的。只有通过学习，企业才能培植组织力，才能真正成为未来最有竞争力的学习型企业。

作为一个学习型企业，不仅要考虑到现代社会环境的快速变动，还应强调组织的适应能力、应变能力和组织的潜在能力。尤其是潜在能力已经包括了组织的思考能力、行动能力和学习能力时，就要把这三种能力结合起来，只有这样才能自我超越，这是学习型组织的精神基础。所以，一个企业组织要真正地成为一个学习型组织，就必须做到：

对领导者的要求。对于任何组织变革，领导者的作用永远是第一位的。这并非贬低组织成员的地位，而是说，对于组织的失败，领导者负有关键责任。而领导者本身的素质提升是组织素质得以提升的前提。企业领导者要认识到企业投资学习是费钱的，但不学习会费更多的钱。实际上，每个企业都在谈人是重要的，要以人为本，但是企业能否真正地为人投入，就是另外一回事了。从这个角度讲，企业应该是一所学校，企业应该为了员工素质的提高进行投入，这样才能使企业成功。有人问我，如果你花了钱，人却跑掉了，你该怎么办？我会这样回答：这正说明你在吸引人才方面做得不够，你对他们不够关心，如果你能够为人投入，人就不会走了。只有具备这种理念，才会吸引很多人扎扎实实地为你工作。

对追随者的要求。学习型组织能为组织成员提供最能发挥其个人潜力、最易实现其个人远景的环境，激发其认清生命的真谛，在自我超越中活出生命的意义。但这在很大程度上要求人们自我醒悟。自我超越并非易事，战胜自己有时比战胜敌人更难。惰性和对事物的消极态度使许多人对生命的意义抱无所谓的态度，得过且过，无所用心。

对个人远景与共同远景相互协调的要求。组织成员在个人素质的各个方面均高度一致，才可能具有一致的个人远景。否则，共同远景与个人远景之间的协调就必然要求以共同远景为主导，个人远景将服从于共同远景。用通俗的话来说，就是少数服从多数、个人服从组织。

超越组织

因为领导能力与目标是来自领导者与组织成员之间的心理共鸣，此时，相互信任和相互理解对权力的交换非常重要。一个人坦率的前提是树立自己的真诚，当你在公司里，得到了应该得到的尊重，你就能带领团队迈向成功，而此时与团队成员进行沟通就非常重要。最根本的理念就是要帮助团队成员建立起自信。培养自信的方法是要看到自己的长处和能力，只有对自己的能力有一个正确的判断，才能取得成功。

学会倾听。积极倾听，给员工一个陈述原委、释放感情的机会，从而缓解问题。

建立一个善于沟通的反馈系统。如何开发人的潜能、发挥人的自主性和创造性将成为组织建设的主题，而建立一个善于沟通的反馈系统，将成为解决问题的核心。

在一个组织体系里，只有建立起这种认识，才能让团队成员感到事业有成，领导者才会把成功的机会让给组织内的每个成员，并带领大家向目标迈进，才能带领团队成员向着远景目标迈进。一旦陈述远景成为组织的宗旨，组织便有了清晰明确的目标，领导者就会热切地以言行表现公司的远景，这些表现便能引发强大的动力，驱使员工一心一意为目标努力。

有远景的组织，就意味着企业已为未来的方向预先做了积极的准备。远景需要热情，创造远景的领导者必须对它非常执著，全心全意相信它，远景能掌握未来，激励人心。

远景的形成，最初由意念的揭示而渐次成形，历经磨砺，终能提供不会犯错误的指导。例如20世纪80年代，通用电器的首席执行官杰克·韦尔奇，努力领导公司改变，那时候公司的远景是以"广泛但清楚的言辞"定义——要在我们提供服务的市场里名列第一或第二，同时将公司改造成具有小型企业快速与敏捷特点的企业。

远景和价值观彼此关联，它们将组织的目标、行动和日常决策及业务串联起来。组织若有坚强的领导配合远景和价值观，就能完成看似不可能的任务。

如果一个企业具有了这种跳跃性思维的远景计划，就一定能够超速成长，一个企业想要取得成功，就要认识到建立组织体系的远景比拥有权力重要，如果不建立组织体系，就不能建立新的视角，后果不堪设想。

从这类组织结构上可以看出有远见的领导者会构建一个学习型组织结构，并通过团队成员的努力来共同创造。除此之外，还需要了解组织结构需要的一些原则，这些原则是：

组织机构清晰，分工明确，管理层次清楚，反应速度加快。其中反应速度主要是指提高决策者的能力，使管理层在尽量短的时间内做出决策。

保证信息在整个系统中畅通运行，对各方面数据即时的记录统计。

建立严格的财务管理与控制体系。财务管理要严格预算执行，在关键部位派财务人员监督，保证基本数据完整及准确，这是企业管理的基本环节。

明确员工激励体系。其中包括工资改革、福利的加强及员工守则的修改等。

培养出一批充满热情，富有挑战精神、能带兵的管理人才。要求他们发现问题，并能及时地解决问题。要求管理者要比员工付出得更多，做得更好，培育积极热情的态度及树立积极的挑战意识，使其在管理领域突破性地成长。

要求有严格的组织性与纪律性。让每个人都在企业中起到重要作用，只有每个人都实事求是地处理问题，在工作中配合协作，才能获得整体性的胜利。